先秦諸子論叢

（續編）

唐端正　著

東大圖書公司

國家圖書館出版品預行編目資料

先秦諸子論叢(續編) / 唐端正著. －－增訂二版一刷.
－－臺北市：東大，2009
面； 公分

ISBN 978－957－19－2928－6 （平裝）
1.先秦哲學 2.文集

121.07   97006842

© 先秦諸子論叢(續編)

著 作 人　　唐端正
發 行 人　　劉仲文
著作財產權人　東大圖書股份有限公司
發 行 所　　東大圖書股份有限公司
　　　　　　地址　臺北市復興北路386號
　　　　　　電話　(02)25006600
　　　　　　郵撥帳號　0107175－0
門 市 部　　(復北店) 臺北市復興北路386號
　　　　　　(重南店) 臺北市重慶南路一段61號
出版日期　　初版一刷　1983年4月
　　　　　　增訂二版一刷　2009年2月
編　　號　　E 120120
行政院新聞局登記證局版臺業字第○一九七號

有著作權‧不准侵害

ISBN　978-957-19-2928-6　（平裝）

再版序

　　拙著《先秦諸子論叢（續編）》於民國八十一年增訂初版中，加入〈荀學價值根源問題的探討〉一文，今再增加〈荀子言「心可以知道」釋疑〉及〈檢討儒法的價值觀〉二文，由於正、續兩編所收文字，寫作年月不一、出版時未能分家依次編排，篇幅亦有厚薄之異，重新調整，有待來日，幸讀者鑑諒。

　　　　　　　　　　唐端正序於二〇〇九年一月香港

序

先秦諸子，皆為救世之弊，應時而興。但由於彼此對應之時世不同，或著眼之觀點各異，譬如耳目鼻口皆有所明，不能相通，道術遂為天下裂。

然而，耳目鼻口雖然不能相通，但並不矛盾對立，就其皆有所明而言，都分別地實現了人生的價值理想，它們只不過是一致而百慮，同歸而殊途而已。

人類的學術思想，亦莫不可以作如是觀。諸子依於不同的時世，提出不同的價值理想和實現這些價值理想的不同方法，還是可以共喻的。因為不同的價值理想，可以只是不同文化在其不同的歷史階段中的差異，在其不同的發展途程中的差異，而非終極的差異。比方說中國文化重德，西方文化重智，而中西文化終極的目的，應該是德智並重的。又如道家重視個體的自由，墨家重視社會的平等，而文化的終極理想，是應該內聖外王，同時兼顧的。因此，研究先秦諸子，切忌把不同的思想矛盾對立起來，而當先各如其分地作同情的了解，別其異同，明其得失，使各家之思想，在互相比照之下，呈現出其在整個文化中應有之地位。但由於諸子對人生文化的認識深淺各異，其中有些偏激的思想，對人生文化整體的價值理想不但不能加以肯定，而且有所禍害，故欲由已為天下裂之道術，真見得道並行而不相悖，便非通過批判不可。哲學的主要功能之一，就

是要通過批判的方法，把那些紛然殽亂的學術思想，重新安排其應有的地位。本書所收各篇，均有意於此，雖不能至，而心嚮往之。

　　本書名為「先秦諸子論叢（續編）」，與拙著《先秦諸子論叢》為聯續之作。讀者宜互相參觀。二書之成，皆由何秀煌兄敦促所致，特此致謝。

　　脫稿之日，適值業師唐君毅先生逝世五周年，謹以此書，作為獻禮，以紀不忘。

先秦諸子論叢

（續編）

目 次

先秦儒學中之政治思想

　　政治是整個文化系統中的一個部分，它是不能孤立地存在的，只有在怎樣的文化中，才能有怎樣的政治，一種政治制度離開了它所屬的歷史文化背景，便成為無生命的東西，我們即使有了它，也不能發揮它的效用。

　　西方近代的民主政治是從集團對立、階級鬥爭中演變出來的。他們經歷了長期血的洗禮後，彼此相持不下，才在力的均衡中妥協下來。這些妥協雖然代表著理性的勝利，但卻以強大的實力為後盾。是力與力爭衡中迫出來的。這些強大的實力，是西方民主政治的基石，它監察著一切由妥協而訂定的憲章和法案的施行，不容執政者隨便反悔。

　　然而，中國自晚周貴族政治崩潰後，早已如梁漱溟先生所云，變成一個倫理本位、職業分途的社會，階級對立已基本消除，歷史上一切合理的政治設施，並不從集團對立、階級鬥爭中演變出來，而是主政者識時務、知大體的結果。

　　由於中西文化進路不同，中國要實行民主政治，顯然不可能和西方人走同一的道路。不幸中國自辛亥革命，推翻了積習數千年的君主政體後，國人只知向西方民主政治學步，完全罔

顧自身文化。他們不但未能把民主政治植根於中國文化之中，反而把民主政治與傳統文化對立起來，做成一種非徹底打倒中國傳統文化，便無法走上民主政治之路的錯覺。於是數十年來，滋長起一種專以打倒為能事的歪風邪氣，激盪所至，全國上下，如飲狂藥，各走極端，結果把一切足以助成民主政治的社會勢力與文化力量，亦完全摧毀，妄圖在一無所有的廢墟上，建立起互相尊重，互相容忍的民主政治，這是中國近代民主運動所以失敗的主要原因之一。

其實，不同的文化，不必是互相矛盾的；不同的政治，也不必是互相排斥的。作為中國文化主流的儒家的政治思想，雖有許多與西方民主政治思想不同的地方，無法張冠李戴，削足就履，但亦有許多可與西方民主政治互相補足的地方，如果我們善於鑑別，善於抉擇，善於疏導，善於接引，則民主運動在中國當能自本自根，發榮滋長，而收事半功倍之效。本此微意，故有本篇之作。

政治是治理眾人之事，如何才能把眾人之事治理好，這是治權或治道的問題；至於對我們的治權作一個根源的說明，這是屬於政權或政道的問題。儒家的政治思想，對這兩個問題都有極精闢的見解。

一般人很容易把儒家的政治思想和中國傳統政治混為一談，實則儒家的政治思想是理想的，中國傳統的政治是現實的。儒家提倡他的政治理想，正要改造現實的政治。因此我們決不能把二者混為一談。然則根據儒家的政治理想，如何處理政道和治道呢？

　　首先我們來探討一下儒家的政道觀。

　　儒家的政治思想，大抵是從周初的思想發展出來的。周初的思想，認為王命是由天降的。因此政權的根源在天。但天為什麼要作之君作之師呢？天所以要選擇有德者立為君師，其目的是為了求民之主，要他來領導人民，解除民困。因此人君和人主之位都是上天為了眷顧下民而設的，天降王命，實在肇始於民。王者受命，即等於受民。故曰：「天惟時求民主」（《書・多方》）、「惟天降命肇我民」（《書・酒誥》）、「誕保文武受民」（《書・洛誥》）。既然天降王命是為了人民，則人民的意志，就是上天的意志，說政權的根源在天，就等於說政權的根源在民。這種民本主義的思想，到了儒家，發揮得更為淋漓盡致。

　　近人往往抨擊儒家的政治思想是為帝王服務的，這真是一種罔顧事實的誣衊。儒家繼承了周初的民本思想，認為王權源於天命，天命本於民心，則在理論上，人民才是政權的最後根據，人君受命於天，便無異受命於民。君位是為了安民、保民而設置的，故君位亦有其應盡的義務。儒家不承認人君有無上的權威，卻責成他履行無盡的義務。並且認為能克盡君職的人，才配居君位，否則便可以和臣子失職一樣論處。故孟子謂周室班爵祿：「天子一位，公一位，侯一位，伯一位，子男同一位，凡五等也。君一位，卿一位，大夫一位，上士一位，中士一位，下士一位，凡六等。」（《孟子・萬章下》）把天子與國君，和公卿大夫同樣列為一位，則他們的地位，在原則上都是平等的。持戟之士一日而三失伍，是士失職，可以論處；凶年饑歲，老羸轉於溝壑，壯者散而之四方，是大夫失職，可以論處；士師

不能治士，是士師失職，可以論處；國君不能治四境之內，是國君失職，同樣可以論處。

君有君職，臣有臣職，只有能盡君職的人，才配當為君，只有能盡臣職的人，才配當為臣。若人君失職便是君不君，若人臣失職，便是臣不臣。臣不臣，天子國君可以將他論罪；君不君，則凡有德者皆可取而代之。因此儒家不獨沒有肯定人君有無上的權威，沒有把天下當作帝王的私產，而且明白地宣稱人君有禪讓的義務，人民有革命的權利。

儒家認為天下乃天下人的天下，居君位的人，只是因為他有德，才被委託去為人民服務的，可見政權永遠都是屬於人民的，任何人都不能霸佔。若人君不能履行其應盡的義務，或發現有更適當的人去為人民服務時，人君便應該自動退位讓賢，這叫做禪讓。如果他不能慎恭其位，克盡厥職，反而多行不義，禍及百姓，又不能順天應人，退位讓賢，則有德者便可以為民拯命，把他從寶座上拉下來，這叫做革命。

禪讓和革命，都是在公天下的前提下才能講的。既然天下為公，天子也不能以天下與人。孟子為了說明堯讓舜，舜讓禹，不是將天下私相授受，便特別提出天與之、人與之之說。我們毋勿論這些解說是否合乎歷史事實，至少是儒家一貫的政治理想。

> 萬章曰：「堯以天下與舜，有諸?」孟子曰：「否。天子不能以天下與人。」「然則舜有天下也，孰與之?」曰：「天與之。」「天與之者，諄諄然命之乎?」曰：「否。天不言，

以行與事示之而已矣。」曰:「以行與事示之者,如之何?」
曰:「天子能薦人於天,不能使天與之天下;諸侯能薦人
於天子,不能使天子與之諸侯;大夫能薦人於諸侯,不
能使諸侯與之大夫。昔者堯薦舜於天,而天受之,暴之
於民,而民受之。故曰:『天不言,以行與事示之而已矣。』」
曰:「敢問『薦之於天,而天受之;暴之於民,而民受之』,
如何?」曰:「使之主祭,而百神享之,是天受之;使之
主事而事治,百姓安之,是民受之也。天與之,人與之,
故曰:『天子不能以天下與人。』」(《孟子·萬章上》)

　　孟子認為天子不能以天下與人,亦不能使天與之天下。天
子只能把他的理想人選,推薦於天,當天接受了天子的推薦後,
這位候選人才被上天正式任命。但由於天不言,因此所謂天受
之,實際上是民受之,所謂天與之,實際上是民與之。天和民
的密切關係,早在《詩》、《書》時期便建立起來,所謂「天視
自我民視,天聽自我民聽。」(《孟子》引〈秦誓〉)便是最好的
說明。這種天與之、人與之的禪讓政治,後來在魏吞漢室晉吞
曹的時候,雖然也曾被人導演過,但曹孟德與司馬仲達取人天
下於孤兒寡婦之手,這只能是篡奪,與堯舜禪讓之事,不可同
年而語。

　　至於湯武革命,更是順乎天理,應乎人情的事,與後來打
天下的觀念,亦不能相提並論。項羽所謂「彼可取而代也」,劉
邦所謂「大丈夫當如是也」,和陳勝所謂「苟富貴,無相忘」的
「鴻鵠之志」,實在沒有什麼分別,他們東征西討,勞師動眾,

目的不在解民倒懸，只圖獵取富貴。故其志只在以智力把持天下，欲藏天下於筐篋，試問這又那裡是革命呢？孟子形容商湯革命云：

> 「湯一征，自葛始，天下信之。東面而征，西夷怨；南面而征，北狄怨；曰：『奚為後我！』」民望之，若大旱之望雲霓也。歸市者不止，耕者不變。誅其君而弔其民，若時雨降，民大悅。（〈梁惠王下〉）

由此可見，無論禪讓也好，革命也好，必須以其道得之，否則便是篡竊劫奪，便是亂臣賊子，暴君汙吏，這便人人得而誅之。然則這個道是什麼道呢？這是一個超越於一切現實政治以上的道，它既是君道，也是臣道，既是父道，也是子道，而歸根究柢，這就是儒家用以綱維人類文化的王道與仁道。荀子云：「國者，天下之利用也；人主者，天下之利執也。得道以持之，則大安也，大榮也，積美之源也；不得道以持之，則大危也，大累也，有之不如無之；及其綦也，索為匹夫不可得也。」（《荀子·王霸》）可見這個道，是儒家政治思想的重心所在。把這個道客觀化便是今天民主政治中的憲法。孔子作《春秋》，貶天子、退諸侯、討大夫，以達王事，就是要拿這個道去衡量一切現實的政治人物，希望通過口誅筆伐來達致他王道的政治理想。

儒家認為君臣之間，除了現實的關係外，尚有道義的關係，而且認為現實的關係，必須從屬於道義的關係，所以便有「以道事君，不可則止」（《論語·先進》）和「從道不從君，從義不

從父」(《荀子・子道》)的主張。為人臣子者，並非一味順從君父便是好，必須能順從道義，才合乎臣子之道。因此當君父無道失義的時候，為人臣子者，便應起來抗爭。荀子說：「千乘之國有爭臣三人，則社稷不危；百乘之家有爭臣二人，則宗廟不毀。父有爭子，不行無禮；士有爭友，不為不義。」(《荀子・子道》)而所謂諫爭輔拂之臣，都是能以道強君、矯君、抗君、反君的。若一味以順為正，便是妾婦之道。

　　也許有人以為這些敢於強君、矯君、抗君、反君的所謂諫爭輔拂之臣，最後仍以達致解國之大患、除國之大害、安國之危、除君之辱為目的，因此依然是對現實的人君有利的。然而，儒家在這裡所謂國，所謂君，已不從現實上講，而從理想上講，故無所謂對現實的人君有利。何況儒家不但只講「爭然後善，戾然後功」，更要講「奪然後義，殺然後仁，上下易位然後貞。」(《荀子・臣道》)難道這也是對現實的人君有利嗎？

　　儒家講君臣間的道義關係，是被一切掌握了現實政權的人君所厭惡的。因為現實的人君，總想維護他現實的政治地位，要求「忠臣不危其君，孝子不非其親。」(《韓非子・忠孝》)而儒家所尊重的，不是那些勢位，而是使那些勢位合理化的道義。因此站在人君的私利立場，都視儒家這種議論為眼中釘。像韓非這種為專制帝王服務的人，便對堯舜湯武破口大罵，認為「堯為君而君其臣，舜為臣而臣其君，湯武為人臣而弒其主，刑其尸，大反君臣之義，亂後世之教。」(見《韓非子・忠孝》篇)齊宣王對湯放桀，武王伐紂的事也非常氣憤，曾盛氣凌人地向孟子提出一個非常尖銳的問題，質問「臣弒其君可乎？」在他假

定的答案中，君父對臣子有無上的權威，臣子對君父必須無限
地忠順，無論如何，臣弒其君是絕對不可以的。但孟子根本就
無視他這個權威，孟子認為只有人君盡了君道的時候，才能獲
得人臣的尊重，若他君不君，便人人得而誅之。所以孟子索性
回答說：「賊仁者，謂之賊；賊義者，謂之殘。殘賊之人，謂之
一夫。聞誅一夫紂矣，未聞弒君也。」（《孟子·梁惠王下》）真
是正氣凜然。荀子對於這個問題，亦有「桀紂無天下，湯武不
弒君」的議論。他說：

> 世俗之為說者曰：「桀紂有天下，湯武篡而奪之。」是不
> 然：以桀紂為嘗有天下之籍則然，親有天下之籍則然，
> 天下謂在桀紂則不然。……湯武非取天下也。脩其道，
> 行其義，興天下之同利，除天下之同害，而天下歸之也。
> 桀紂非去天下也，反禹湯之德，亂禮義之分，禽獸之行，
> 積其凶，全其惡，而天下去之也。天下歸之之謂王，天
> 下去之之謂亡。故桀紂無天下，而湯武不弒君，由此效
> 之也。湯武者，民之父母也；桀紂者，民之怨賊也。今
> 世俗之為說者，以桀紂為君，而以湯武為弒，然則是誅
> 民之父母，而師民之怨賊也，不祥莫大焉。以天下之合
> 為君，則天下未嘗合於桀紂也，然則以湯武為弒，則天
> 下未嘗有說也，直墮之耳。（《荀子·正論》）

可見儒家並不以為掌握了政權的人便是君，只有履行了人
君的義務的人，儒家才尊他為君。日人五來欣造云：「在儒家，
我們可以看見理性的勝利，儒家所尊崇底不是天、不是神、不

是君王、不是國家權力，並且亦不是多數人民，只有將這一些
當作理性的代名詞用時，儒家才尊崇他。」（梁漱溟《中國文化
要義》引）這話是說得很對的。

儒家從理想上、道義上來講君臣關係，最容易引起非議的，
是肯定有所謂繼世而有天下。並謂「繼世而有天下，天之所廢，
必若桀、紂者也；故益、伊尹、周公不有天下。」（《孟子·萬章
上》）既然天子有讓賢之義，為什麼繼世而有天下的人，天之所
廢，必若桀紂呢？為什麼益、伊尹、周公不有天下呢？孟子對
此雖然也提出了一些解答，但這些解答顯然都是不能使人滿意
的。

> 萬章問曰：「人有言：『至於禹而德衰，不傳於賢，而傳
> 於子。』有諸？」孟子曰：「否，不然也。天與賢，則與賢；
> 天與子，則與子。⋯⋯孔子曰：『唐、虞禪，夏后、殷、
> 周繼，其義一也。』」（《孟子·萬章下》）

這是說，傳賢與傳子，都是天意，在意義上是一致的。但
問題在是否一切繼世而有天下者，都像禹之子啟一樣，得到萬
民的擁戴。如其不然，為什麼伊尹周公不能有天下？《春秋》尚
且譏世卿，孟子要對君主世襲的現實政治給予合理的解釋，相
信是不可能的，而且也決不是孟子的本意。孟子於此所要強調
的是：無論唐虞禪也好，夏后殷周繼也好，都必須得到天的許
可，亦即得到民的許可，否則他的政權便是悖理的、非法的。

《孟子》一書，開宗明義便說：「王何必曰利？亦有仁義而
已矣。」今人不懂得孟子此處所謂利，是指何以利吾國，何以利

吾家，何以利吾身等私利而言，所謂仁義，是指全民的公利公
義而言，於是動輒置疑於孟子只言義不言利為迂腐。這可謂對
孟子論政的大本大源一無所知。孟子曾經講過一個大王的故事。
他說：

> 昔者大王居邠，狄人侵之。事之以皮幣，不得免焉；事
> 之以犬馬，不得免焉；事之以珠玉，不得免焉。乃屬其
> 耆老而告之曰：「狄人之所欲者，吾土地也。吾聞之也：
> 君子不以其所以養人者害人。二三子何患乎無君？我將
> 去之。」去邠，踰梁山，邑於岐山之下居焉。（〈梁惠王下〉）

這個故事表明政治的主體是人民，如果為了土地或君位而
害及人民，便是顛倒。大王於此，寧肯自行引退，不肯害及百
姓，這是儒家所共同信守的至高原則。因此齊宣王對孟子問及
可否奪取燕國的時候，孟子說：「取之而燕民悅，則取之；古之
人有行之者，武王是也。取之而燕民不悅，則勿取；古之人有
行之者，文王是也。」（《孟子·梁惠王下》）一切政治上的行動，
完全按照老百姓的意願行事，「民之所好好之，民之所惡惡之。」
（《大學》）不把人君擺在第一位，這是儒家政治思想的基本原
則。

然而，說儒家對君臣的現實關係是相對的，並不等於說儒
家對君臣的道義關係也是相對的。因為現實上如果君不君，臣
固可不以臣道事之，甚至弒萬乘之君，若誅匹夫；但在道義上，
卻不可因為君不行仁道，臣便可以同流合汙。孟子道性善，言
必稱堯舜。他並不是對著堯舜之君，才講堯舜之道的，孟子對

著當時的時君世主，無不以堯舜之道事之。所以他一則說：「我
非堯舜之道，不敢陳於王前。」（《孟子・公孫丑下》）再則曰：
「欲為君盡君道，欲為臣盡臣道，二者皆法堯、舜而已矣。不
以舜之所以事堯事君，不敬其君者也；不以堯之所以治民治民，
賊其民者也。」（《孟子・離婁上》）因此在現實上，臣事君雖然
是相對的，但在道義上，臣事君，便有其絕對應盡的義務。因
為在道義上的事君，實際上不是事人，而是事道。所以說：「君
子之事君也，務引其君以當道，志於仁而已。」（《孟子・告子下》）
又說：「『然則孔子之仕也，非事道與？』曰：『事道也。』」（《孟
子・萬章下》）既然事君可以就是事道，所以儒家的忠君愛國，
自有其權利不能傾，群眾不能移，天下不能蕩，生乎由是，死
乎由是之德操。

　　儒家在君位之上，立一個君道，不但要求人君合道，亦要
求人臣以道事君。則究極地講，儒家只有事道，而沒有事君。
這便透顯出儒家剛健的性格，也透顯出儒家政治思想的嚴肅意
義。像這樣一種以民為貴，以天下為公的政治思想，試問又怎
能說它是為帝王服務的呢？

　　以下我們便探討一下儒家的治道。

　　在治道方面，一般人均以為儒家崇尚人治、德治、禮治，
而不講求法治；因此認為儒家的治道思想，是無補於民主法治
的。這個問題，實在值得我們仔細分析。說儒家崇尚人治、德
治、禮治都是對的，但說儒家不講求法治就不對。而且，儒家
究竟怎樣講人治、德治、禮治的呢？這些思想，在什麼意義之
下才和民主法治的思想相衝突？在什麼意義下，便可以互相補

足呢？這都是須要加以分疏的。

　　人類早期的政治，大抵都是神權政治和強權政治，都是倚賴神靈的威嚇或強權的威嚇來進行統治的。史稱殷尚鬼，湯之始征，由於葛伯不祀，而殷人的行為，又似乎完全決定於卜辭，所以殷人大概仍停留在神權政治中。至於是否仍為一種暴力政治，便不易決定。孟子說：湯至於武丁，賢聖之君六七作，即使到了殷紂，其故家遺俗，流風善政，猶有存者。又有微子、微仲、王子、比干、膠鬲等賢人，相與輔相之，（見《孟子・公孫丑上》）可見殷人在未喪師失眾之前，還是克配上帝，聿脩其德的，否則，周人亦不必待歷世積德，然後五世其昌。而且周人在殷世積德，亦不可能完全與殷人無關。不過，從周人開始以道德性的名字為謚法來看，重德的文化，無疑是到了周代才發揚光大的。

　　當周人開始由敬天轉而為敬德時，周人便同時從神權政治與強權政治中擺脫出來，走進人治與德治的境界。

　　大抵周人最初都是相信君權神授，天降王命的。後來由於對夏商周三代的更替作了歷史的反省，面對著天命無常的事實，才對這些事實提出了一個睿智的解釋。這就是「皇天無親，唯德是輔。」（《左傳》僖公五年引）他們認為天命原來是降給夏的，後來因為夏桀無道，商湯有德，所以才轉而降命給商，但後來殷紂無道，周文有德，天又轉而降命給周了。天命在周，歷年長短，並不可知，所可知者，就是不敬其德，則早墜其命，因此惟有以殷為鑑，努力敬德。《詩・大雅・文王》云：

無念爾祖，聿脩厥德。永言配命，自求多福。殷之未喪師，克配上帝。宜鑒于殷，駿命不易。

《書·召誥》篇亦云：

我不可不監于有夏，亦不可不監于有殷。我不敢知曰，有夏服天命，惟有歷年；我不敢知曰，不其延，惟不敬厥德，乃早墜厥命。我不敢知曰，有殷受天命，惟有歷年；我不敢知曰，不其延，惟不敬厥德，乃早墜厥命。今王嗣受厥命，我亦惟茲二國命，嗣若功。

現實上的天命雖然無常難知，但天總是命有德，討有罪，唯德是輔，常與善人的，因此，只要我們能不已地敬德，天亦會不已地降命。所以《中庸》引《詩·周頌·維天之命》篇，並且加以申說云：「『維天之命，於穆不已。』蓋曰天之所以為天也。『於乎不顯，文王之德之純。』蓋曰文王之所以為文也，純亦不已。」既然無常的天命，亦可以由純亦不已地敬德，使之變為有常，而不已地降命，則王命的得失，與歷年的長短，不繫於天命，而繫於人德。因此周人雖然也敬天，但更重要的是敬德。《詩·大雅·大明》篇云：「維此文王，小心翼翼。昭事上帝。聿懷多福。厥德不回，以受方國。」文王之所以為文王，不在於他的「昭事上帝」，而在於他的「厥德不回」。

敬天是以天為主的宗教行為，敬德是以人為主的道德行為，由敬天轉而為敬德，即由依神而行轉而為依人而行。這便揚棄了神權政治，而闖開了人治的大門，使政治走上較合理的道路。

所謂「國將興，聽於民；將亡，聽於神。」（《左傳》莊公三十一年）「夫民，神之主也，是以聖王先成民而後致力於神。」（《左傳》桓公六年）都是這些思想的注腳。

周人由敬天轉而為敬德，由神治轉而為人治；而且在揚棄神權政治的同時，也揚棄了強權政治。因為所謂德，是指人生的合理行為而言，敬德就是依照人生的合理行為而敬謹從事的意思。這當然不會以耀武揚威來震懾天下。所以當周人滅大殷而有天下時，本來大可以我武維揚，誇耀一番，但武王滅殷後，不但立即歸馬華山之陽，放牛桃林之野，倒載干戈，包以虎皮，藏諸府庫，示天下不再用兵。而且宣稱周人之所以得天下，並非由於武王的武功，而是由於自后稷、公劉、古公、王季、文王以來，歷世積德所致。因此，周人早已自覺地摒棄了強權政治，而走上德治的路。周人對其取得政權所作的解釋，其政治智慧，比今人惡狠狠地說槍桿子裡出政權，不知要高明多少倍。周人能夠享祚八百年，決不是倖致的。

德既然是指人生的合理行為而言，然則什麼行為，才算合理的行為呢？首先，合理的行為，必須從個人的情欲中超拔出來，服從理性的指導，為他人履行一些責任與義務。因此，無醉無逸、朝乾夕惕、常念爾祖、前王不忘，是一種合理的行為；「寬而栗，柔而立，愿而恭，亂而敬，擾而毅，直而溫，簡而廉，剛而塞，強而義」（《書·皋陶謨》）是一種合理的行為；「貌曰恭，言曰從，視曰明，聽曰聰，思曰睿」（《書·洪範》）是一種合理的行為；「克明德慎罰，不敢侮鰥寡，庸庸、祇祇、威威、顯民」（《書·康誥》）及「克明俊德，以親九族」、「平章百姓」、

「協和萬邦」(《書‧堯典》)更是一種合理的行為。作為一個帝王或國君，在一切合理行為中，最重要的是愛民、安民、顯民、保民。這些思想，大體都被儒家繼承下來，並且加以發揚光大。

儒家繼承了周初敬德愛民的思想，不再把政治事務付託給神明，亦不委之於物勢，而要人自己作主，憑人生合理的行為去解決一切政治上的困難和群體的憂患，這便發展出儒家所謂人治。

儒家人治的第一個意義，是反對神治和物治，反對神化政治與物化政治，而要根據人道的原則來治理人。神道和物道都是與人道疏遠的，「道不遠人，人之為道而遠人，不可以為道。」(《中庸》)因此儒家便主張以人治人。

從這一意義說，儒家的人治是無可厚非的，而且也不必與法治相對立，因為法也是由人創造出來的，所以法治亦可以說是人治。不過法治是重視法之端，人治是重視法之原罷了。無論人治或法治，都是反對神權政治，要依照人道的原則來治理人的。

但人治依然有重德與重力之分，儒家人治的第二個意義是重德不重力，重賢不重勢，崇尚理性而反對強權。這裡預設著儒家性善論的理念，認為人同此心，心同此理。天下之事，只要我們能摒除私念，不把人和己對立起來，根據忠恕之道，以情度情，以類度類，老吾老以及人之老，幼吾幼以及人之幼，天下便可運於掌。荀子云：

> 欲觀千歲，則數今日；欲知億萬，則審一二；欲知上世，

則審周道；欲知周道，則審其人所貴君子。故曰：以近知遠，以一知萬，以微知明，此之謂也。夫妄人曰：「古今異情，其以治亂者異道。」而眾人惑焉。彼眾人者，愚而無說，陋而無度者也。夫其所見焉，猶可欺也，而況於千世之傳也！妄人者，門庭之間，猶可誣欺也，而況於千世之上乎！聖人何以不可欺？曰：聖人者，以己度者也。故以人度人，以情度情，以類度類，以說度功，以道觀盡，古今一也。類不悖，雖久同理。（〈非相〉）

儒家認為人倫相處，其道理是非常簡單的，只要我們能本著忠恕之道，「己欲立而立人，己欲達而達人。」（《論語・雍也》）「己所不欲，勿施於人。」（《論語・顏淵》）「有諸己而后求諸人，無諸己而后非諸人。」（《大學》）「施諸己而不願，亦勿施於人。」（《中庸》）則雖蠻貊之邦，亦可以通行無阻。《中庸》所謂「君子之道」，《大學》所謂「絜矩之道」，都是以人治人之道，其實都是儒家的忠恕之道。《中庸》云：

君子之道四，丘未能一焉：所求乎子以事父，未能也；所求乎臣以事君，未能也；所求乎弟以事兄，未能也；所求乎朋友先施之，未能也。

《大學》云：

所惡於上，毋以使下；所惡於下，毋以事上；所惡於前，毋以先後；所惡於後，毋以從前；所惡於右，毋以交於左；所惡於左，毋以交於右；此之謂絜矩之道。

忠恕之道，不但要執政者本著理性的原則，推己及人，更要執政者本著理性的原則，與人民同好惡，共休戚。故為民父母者，必須民之所好好之，民之所惡惡之，若好人之所惡，惡人之所好，便是拂人之性，執政者如果推行一些違背人性的政事，當然便不算以人治人，其結果一定會災及乎身的。

人治的第三個意義不但要與民同好惡，而且要以身作則，為民表率。因為要行忠恕之道，推己及人，必須先正己而後正人，先修己然後治人。故曰：「政者正也，子帥以正，孰敢不正？」（《論語・顏淵》）「苟正其身矣，於從政乎何有？不能正其身，如正人何？」（《論語・子路》）「君仁莫不仁，君義莫不義，君正莫不正，一正君而國定矣。」（《孟子・離婁上》）「君者儀也，民者景也，儀正而景正。君者槃也，民者水也，槃圓而水圓。君射則臣決。楚莊王好細腰，故朝有餓人。故曰：聞脩身，未嘗聞為國也。」（《荀子・君道》）「堯舜帥天下以仁，而民從之；桀紂帥天下以暴，而民從之。其所令反其所好，而民不從。」（《大學》）「為政在人，取人以身，脩身以道，脩道以仁。」（《中庸》）可見儒家的人治，是要為政者以身作則，以德化民；所謂人治，實即德治。亦可稱為賢人政治。

然而一般人認為儒家講人治，便不講法治，這是個很值得深入分析的問題。首先我們要了解什麼叫做法。《墨子・法儀》篇曰：

> 子墨子曰：「天下從事者，不可以無法儀，無法儀而其事能成者，無有也。雖至士之為將相者，皆有法，雖至百

工從事者，亦皆有法。百工為方以矩，為圓以規，直以
繩，正以縣。無巧工不巧工，皆以此五者為法。」

可見所謂法，是指一些可以師法，可以效法，可以取法的
客觀標準、儀則、制度而言。墨家要我們法天志，道家要我們
法自然，而儒家卻要我們法先王之道。因此儒家雖然講人治，
亦非純任主觀，必須要以在歷史上有真實成就的人和事為取法
的對象，故孟子法先王，荀子法後王，都是有客觀的法守的。

> 孟子曰：「離婁之明，公輸子之巧，不以規矩，不能成方
> 員；師曠之聰，不以六律，不能正五音；堯舜之道，不
> 以仁政，不能平治天下。今有仁心仁聞，而民不被其澤，
> 不可法於後世者，不行先王之道也。故曰：徒善不足以
> 為政，徒法不能以自行。《詩》云：『不愆不忘，率由舊
> 章。』遵先王之法而過者，未之有也。……上無道揆也，
> 下無法守也；朝不信道，工不信度；君子犯義，小人犯
> 刑；國之所存者，幸也。」
>
> 孟子曰：「規矩，方圓之至也；聖人，人倫之至也。欲為
> 君盡君道，欲為臣盡臣道，二者皆法堯、舜而已矣。」（〈離
> 婁上〉）

荀子主性惡，認為必將有師法之化，禮義之道，然後出於
辭讓，合於文理而歸於治，故特重師法。他要人「壹於道法，
謹於循令。」（〈正名〉）惟法有多種，有王者之法、霸者之法、
亡國之法、千歲之法等。故〈王霸篇〉謂為人君者，要在「論

一相，陳一法。」荀子在〈非相篇〉和〈儒效篇〉，原來都要我
們法先王。但由於「文久而息，節族久而絕，守法數之有司，
極禮而褫。故曰：欲觀聖王之跡，則於其粲然者矣，後王是也。」
（〈非相〉）所以才要我們法後王，才說「道不過三代，法不貳
後王；道過三代謂之蕩，法貳後王謂之不雅。」（〈王制〉）由此
可見，孟荀均於為政者主觀之仁心仁聞之外，另有其取法之客
觀標準；即使孔子亦要人「謹權量，審法度，脩廢官。」（《論語·
堯曰》）這都可以說明儒家並沒有忽略法治。熊十力先生且有儒
家才是法家正統之說。（請參閱〈商鞅的強國之術〉一文）不過，
這種「遵先王之法」、「率由舊章」的法治，和法家所謂法治是
不同的。

　　法家所謂法，特指「編著之於圖籍，設之於官府，而布之
於百姓」（《韓非子·難三》）的賞罰禁令而言。韓非〈定法〉篇
云：「法者，憲令著於官府，賞罰必於民心，賞存乎慎法，而罰
加乎姦令者也。」又說：「公孫鞅之治秦也，設告坐而責其實，
連什伍而同其罪，賞厚而信，刑重而必。」而李悝的《法經》，
亦只及於盜、賊、囚、捕、雜、具等刑律，可見法家所謂法，
專指刑法而言，而不及組織法。但即使如此，儒家反對法家，
亦不是要反對刑治。儒家的治道，是禮樂刑政，同時並舉的，
他不但著重禮治樂治，而且也講刑治政治。所以孔子說：

> 必也正名乎！……名不正，則言不順；言不順，則事不
> 成；事不成，則禮樂不興；禮樂不興，則刑罰不中。（《論
> 語·子路》）

又云：

> 道之以政，齊之以刑，民免而無恥；道之以德，齊之以
> 禮，有恥且格。（《論語・為政》）

《禮記・樂記》篇云：

> 禮以道其志，樂以和其聲，政以一其行，刑以防其姦。
> 禮樂刑政，其極一也；所以同民心而出治道也。

孟子亦云：「國家閒暇，及是時明其政刑。」（〈公孫丑上〉）
又要善戰者服上刑。而荀子在〈正論篇〉更反對「治古無肉刑，
而有象刑」之說，認為刑人之本，是要禁暴惡惡，若罪至重而
刑至輕，殺人者不死，傷人者不刑，便不足以警惡懲奸，征暴
誅悍，這不獨不可以致治，反而招致禍亂。因此，儒家實沒有
反對刑治。

一般人總喜歡引《左傳》叔向反對鄭子產鑄刑書和孔子反
對晉鑄刑鼎兩件事，作為儒家反對刑法的證據。以下我們不妨
討論一下這兩件事所代表的意義。《左傳》昭公六年云：

> 鄭人鑄刑書。叔向使詒子產書，曰：「始吾有虞於子，今
> 則已矣。昔先王議事以制，不為刑辟，懼民之有爭心也。
> 猶不可禁禦，是故閑之以義，糾之以政，行之以禮，守
> 之以信，奉之以仁；制為祿位，以勸其從；嚴斷刑罰，
> 以威其淫。懼其未也，故誨之以忠，聳之以行，教之以
> 務，使之以和，臨之以敬，涖之以彊，斷之以剛。猶求

聖哲之上、明察之官、忠信之長、慈惠之師，民於是乎
可任使也，而不生禍亂。民知有辟，則不忌於上。並有
爭心，以徵於書，而徼幸以成之，弗可為矣。夏有亂政，
而作《禹刑》；商有亂政，而作《湯刑》；周有亂政，而
作《九刑》：三辟之興，皆叔世也。今吾子相鄭國，作封
洫，立謗政，制參辟，鑄刑書，將以靖民，不亦難乎？
《詩》曰：「儀式刑文王之德，日靖四方。」又曰：「儀刑
文王，萬邦作孚。」如是，何辟之有？民知爭端矣，將棄
禮而徵於書，錐刀之末，將盡爭之。亂獄滋豐，賄賂並
行。終子之世，鄭其敗乎？

昭公二十九年云：

晉趙鞅、荀寅帥師城汝濱，遂賦晉國一鼓鐵，以鑄刑鼎，
著范宣子所為刑書焉。仲尼曰：「晉其亡乎！失其度矣。
夫晉國將守唐叔之所受法度，以經緯其民，卿大夫以序
守之，民是以能尊其貴，貴是以能守其業。貴賤不愆，
所謂度也。文公是以作執秩之官，為被廬之法，以為盟
主。今棄是度也，而為刑鼎，民在鼎矣，何以尊貴？貴
何業之守？貴賤無序，何以為國？且夫宣子之刑，夷之
蒐也，晉國之亂制也，若之何以為法？

郭沫若認為叔向書和仲尼語都帶有預言性質，一言鄭之將
敗亡，一言晉之必亡，分明是在晉鄭敗亡後撰述這些故事者的
潤色，不一定就真是仲尼的話。(見《十批判書‧前期法家的批

判》）這大概是對的。不過，叔向書和仲尼語確實亦反映了儒家反對法家的部分意見，我們不妨分析一下。

首先叔向反對鄭鑄刑書，並沒有反對用刑。刑法是古已有之的。夏有《禹刑》，商有《湯刑》，周有《九刑》，荀子亦要刑名從商，叔向自己亦明明說要「嚴斷刑罰，以威其淫。」而所謂「昔先王議事以制，不為刑辟。」據杜預的注解，即臨事而議制其刑，不預先詳為法書的意思。因此叔向只是反對將刑法編著之於圖籍，設之於官府，而布之於百姓，使這些賞罰禁令，成為百姓行事的唯一標準。如果明罰飭法，只是以刑賞來輔助禮制，那是誰也不會反對的，但法家所謂法治，一般都是專任刑法而欲以為治。不但用刑罰來禁暴除悍，且以刑罰來驅民耕戰，結果必至無教化，去仁愛，殘害至親，傷恩薄厚。《史記・商君列傳》載商鞅之變法令云：

> 令民為什伍，而相收司連坐。不告姦者腰斬，告姦者與斬敵首同賞，匿姦者與降敵同罰。民有二男以上不分異者，倍其賦。有軍功者，各以率受上爵；為私鬬者，各以輕重被刑大小。僇力本業，耕織致粟帛多者復其身。事末利及怠而貧者，舉以為收孥。宗室非有軍功論，不得為屬籍。明尊卑爵秩等級，各以差次名田宅，臣妾衣服以家次。有功者顯榮，無功者雖富無所芬華。

可見法家所謂法治，獎勵告密，實行連坐，以嚴刑重罰驅民耕戰，確會流至無教化，去仁愛，殘害至親，傷恩薄厚的境地。叔向正是惟恐人民知有刑法後，「將棄禮而徵於書，錐刀之

末，將盡爭之。」所以才反對鑄刑書的。他強調政治必須求「聖哲之上、明察之官、忠信之長、慈惠之師」，「閑之以義，糾之以政，行之以禮，守之以信，奉之以仁……誨之以忠，聳之以行，教之以務，使之以和，臨之以敬，涖之以彊，斷之以剛。」這樣重視仁義忠信禮樂政教，這和專任刑法而欲以為治的法家思想，確有天淵之別。

中國歷史上的儒法之爭，其中最大的分歧，是由政道而來的分歧。儒家以人民為政治的主體，其治道的目的，在實現人生文化的種種價值理想，故總使人覺得博而寡要，勞而少功，迂闊而不切事情。而法家則以人君為政治的主體，其治道的目的，只求集中一切力量，達致富國強兵，為人主爭霸天下。至於人民的人生理想和文化理想，則完全不加考慮，並且認為其他價值理想的追求，只會分散力量，因而都在壓制掃蕩之列。《史記‧商君列傳》載商鞅因景監得見秦孝公後，先說之以帝道，孝公睡而不聽，繼說之以王道，亦未中旨，再說之以霸道，雖以為善，仍未加任用，及說之以強國之術，乃不自知膝之前於席，語數日而不厭。這究竟是什麼道理呢？商鞅對景監解釋說：

> 吾說君以帝王之道比三代，而君曰：「久遠，吾不能待。且賢君者，各及其身顯名天下，安能邑邑待數十百年以成帝王乎？」故吾以彊國之術說君，君大悅之耳。

這一段話，可以說明戰國時代，何以魏文侯用李悝，楚悼王用吳起，秦孝公用商鞅，韓昭侯用申不害，齊威王用即墨大

夫，燕昭王用樂毅和郭隗，趙武靈王亦胡服騎射的理由。這理由是戰國時代的時君世主，已將原來安民保民的政治目的，竄改為只求君權的維持與擴張，因而只求急功近效，「及其身顯名天下」，而不能「邑邑待數十百年以成帝王」。這就使他們和始終堅持民為邦本，民貴君輕的王道政治，走著相反的道路。儒家和法家的爭論，實在牽涉到政道的問題，而不只是治道的問題。此即政治究竟應以實現民眾的理想為前提，還是以實現人君的霸權為前提的問題。儒家總要在現實的政治之外，肯定有更豐富的人生文化的價值理想，不能專任刑罰而欲以為治。荀子入秦，秦俗雖然有諸般的好，但由於無儒，便不足觀。所謂無儒，是指無教化，去仁愛，殘害至親，傷恩薄厚而言，這牽涉著一個很深邃的文化問題，不是可以只用幾條嚴峻的法令便代替得了的。何況范宣子所採取的刑法，乃夷蒐之法，這又怎能替代唐叔的被廬之法，而為晉國的定制呢？

在以上的爭論中，還存在著一個人治與法治的問題。我們已經說過，儒家講人治，並非不講法治，但叔向反對鑄刑書，是怕「民知有辟，則不忌於上並有爭心」，仲尼反對晉鑄刑鼎，也是怕「民在鼎矣，何以尊貴」。叔向要民畏上，仲尼要民貴貴，似乎是要維護封建的秩序。孔子亦確有居是邦不非其大夫之義，但儒家雖然講尊尊親親，但也講尚賢。而且儒家在政治層面上，實以尚賢為主。尊尊之義，只有在不違背尚賢的原則下，才被肯定。否則孔子便不會貶天子，退諸侯，討大夫，孟子也不會肯定禪讓與革命，荀子也不會說上下易位而後貞。荀子在〈王制篇〉說「賢能不待次而舉，……雖王公士大夫之子孫，不能

屬於禮義，則歸之庶人。雖庶人之子孫也，積文學，正身行，能屬於禮義，則歸之卿相士大夫。」可見儒家的尊尊仍以尚賢為主。親親之義，也不是寡頭的，必須合乎道義。故有所謂從義不從父。舜為天子，皋陶為士，若瞽瞍殺人，孟子認為舜亦只好讓皋陶執法，只有在舜放棄了天子之位的時候，才可以背負瞽瞍而逃於北海之濱，盡其親親之義。因此只有把君父與臣子的關係道義化，合理化以後，尊尊和親親才是儒家應有的本義，若把尊尊，貴貴，親親，貴賤不愆等，只理解為維護封建的舊秩序，便不能算是孔子的意思。

儒家所以反對法家的法治，除了因為法家的法，在驅民耕戰，為人君爭取霸權，不足寄託人生文化的理想外，尚由於儒家有以人為本，以法為末的觀念。

前期的法家，如子產、李悝、吳起等，尚有以明罰飭法來輔助禮制之意，但商鞅以下，特別是韓非子，便欲專任刑罰以為治。韓非更倡言君臣不同道，故人君所立之法，目的只要臣民遵守，人君則不必以身作則。故曰：「為君不能禁下而自禁者，謂之劫；不能飭下而自飭者，謂之亂；不能節下而自節者，謂之貧。」（《韓非子‧難三》）這和孔子所謂「政者正也，子帥以正，孰敢不正」的意思，便大相逕庭。

今天，一般人均認為法治比人治好，因為今天所謂法治，是指以根據民主立法的程序所制訂的法律來治理國家而言，但在中國歷史上，法家的法治，其主要動機是為了協助人君專制天下的。《韓非子‧二柄》篇云：「人主者，以刑德制臣者也；今君人者釋其刑德而使臣用之，則君反制於臣矣。」韓非為了不

使人臣分制刑德，樹立私恩私威，才立為賞罰之法，要群臣依法行賞罰，他認為如此即可恃法而治，不用賢而專任勢。而儒家則認為賢與勢都是必要的，這些觀點，不但可以在《韓非子》的〈難勢〉篇中清楚地反映出來，也可從孟子「徒善不足以為政，徒法不能以自行」的話反映出來。故法家反對人治，和儒家講求人治的分歧，是存在著一個政治要尚賢還是不要尚賢的問題。儒家強調人治，實即代表著尚德尚賢的觀點，而法家的尚法，是代表著尚勢的觀點。無論我們對人治與法治作出如何的評價，以上的問題，都是應該加以分疏的。

儒家於尚法之外，更重尚賢，為什麼儒家這樣重視人的因素呢？因為儒家的法，不是從集團對立，權利鬥爭中逼出來的，而是由聖王制訂的。故必須有知大體，識時務，學至於全盡，知類明統，能為生民長慮顧後而保萬世的人格，才能制禮義而起法度。這便見出人的地位，比法重要。因為法只是治之端，治之流，君子才是治之本，治之原。

荀子論學，境界有三：學莫便乎近其人，隆禮次之，記誦詩書者又次之。由於詩書故而不切，故主張隆禮義而殺詩書。但禮義法度雖屬後王現行的東西，比之只屬於先王遺跡的詩書，較為切近明備，但守法循禮的人，若不能知其義理，明其統類，則當遇上法教所不及，聞見所未至的事情，便不能權宜應變，達致「有法者以法行，無法者以類舉」（〈王制〉）的地步。因此荀子所謂大儒，必須於法後王之外，尚要「統禮義，一制度，以淺持博，以古持今，以一持萬；苟仁義之類也，雖在鳥獸之中，若別白黑；倚物怪變，所未嘗聞也，所未嘗見也，卒然起

一方，則舉統類而應之，無所儗㤰；張法而度之，則晻然若合符節。」(〈儒效〉) 這裡重要的是能統、能一、能推類至盡、權宜應變的人，而不是法。因此荀子說：

> 有亂君，無亂國；有治人，無治法。羿之法非亡也，而羿不世中；禹之法猶存，而夏不世王。故法不能獨立，類不能自行；得其人則存，失其人則亡。法者，治之端也；君子者，法之原也。故有君子，則法雖省，足以徧矣；無君子，則法雖具，失先後之施，不能應事之變，足以亂矣。不知法之義而正法之數者，雖博臨事必亂。故明主急得其人，而闇主急得其埶。……合符節，別契券者，所以為信也；上好權謀，則臣下百吏誕詐之人乘是而後欺。探籌投鉤者，所以為公也；上好曲私，則臣下百吏乘是而後偏。衡石稱縣者，所以為平也；上好傾覆，則臣下百吏乘是而後險。斗斛敦槩者，所以為嘖也；上好貪利，則臣下百吏乘是而後豐取刻與以無度取於民。故械數者，治之流也，非治之原也。君子者，治之原也。官人守數，君子養原；原清則流清，原濁則流濁。故上好禮義，尚賢使能，無貪利之心，則下亦將慕辭讓，致忠信，而謹於臣子矣。如是則雖在小民，不待合符節別契券而信，不待探籌投鉤而公，不待衡石稱縣而平，不待斗斛敦槩而嘖。故賞不用而民勸，罰不用而民服，有司不勞而事治，政令不煩而俗美；百姓莫敢不順上之法，象上之志，而勸上之事，而安樂之矣。(〈君道〉)

　　以上一段文字，很能說明儒家重人治而不重法治的觀點。但說儒家重人治而不重法治，不是說儒家不講求法治；因為符節契券、探籌投鈎、衡石稱縣、斗斛敦槩都是法，而荀子亦無廢棄這些法的意思。不過他認為「法不能獨立，類不能自行」，有了這些法，仍要「上好禮義，尚賢使能，無貪利之心」，才能致治；若上好曲私、權謀、傾覆、貪利，則臣下必然乘這些法數而行偏險欺詐之事。「為之斗斛以量之，則並與斗斛而竊之；為之權衡以稱之，則並與權衡而竊之；為之符璽以信之，則並與符璽而竊之。」（《莊子・胠篋》）這是儒家不肯專用勢而不用賢，不肯專任法治而不尚人治的主要原因。而且專任法治，無論自成就事功上言，或成就人格上言，均不及崇尚人治。因為只有人治才能權宜應變，也只有人治才能造就溫溫然的君子。故曰：

> 法而不議，則法之所不至者必廢；職而不通，則職之所不及者必墜。故法而議，職而通，無隱謀，無遺善，而百事無過，非君子莫能。（〈王制〉）

又曰：

> 好法而行，士也；篤志而體，君子也；齊明而不竭，聖人也。人無法則倀倀然，有法而無志其義則渠渠然，依乎法而又深其類然後溫溫然。（〈修身〉）

　　儒家立法，和西方民主政治的立法不同，西方民主政治的立法，可以只從集團間權利的爭持中逼出來，其間不必要有賢

智之士，本著大公無私的心來為他們創制立法。但在中國，無論儒家法家，都認為法是由賢智君長所制訂的。故《商君書・更法》篇云：「智者作法，而愚者制焉；賢者更禮，而不肖者拘焉。」慎到亦云：「以力役法者，百姓也；以死守法者，有司也；以道變法者，君長也。」（佚文）《中庸》亦云：「非天子，不議禮，不制度，不考文。」而荀子亦認為禮義法度生於聖人之偽。因此，無論儒法，都是要靠人的賢智來立法的。不過，法家的人君，去立法後便不用賢智，更禁制臣下用賢智。而且法家的法，以人君的利益為主，與人民的利益相衝突，由人君的私智所制定的法，不可能得到人民理性的認可，因此法家在推行其法治時，只能借重權勢，用嚴刑重罰驅民耕戰，不許人民非議，因而也不能講尚賢。儒家則不然。儒家的聖君是以吉凶與民同患的公心來制定法制的，因此，這些法制，原則上都可以得到人民理性的認可，可以用說服或教化的方式來推行，不必用高壓手段。因此儒家可以信任臣下的賢智，讓他們憑藉其良知理性去推行政教，治理人民。儒家的信用賢能，是以天下為公的政道為背景的，沒有這個背景，必然猜忌一切賢能之士，結果只能用嚴刑峻法來拑制天下。《韓非子・有度》篇云：「賢者之為人臣，北面委質，無有二心。朝廷不敢辭賤，軍旅不敢辭難；順上之為，從主之法，虛心以待令，而無是非也。故有口不以私言，有目不以私視，而上盡制之。」法家只容許臣下做一個順上之為、從主之法的不二之臣或典成之吏，決不容許他們保持獨立的人格，以其個人的才智與德行，風動天下，這是法家為什麼只能講法治，而不容許有人治的原因。

在先秦諸子中，儒、道、法都有無為而治的理想，但三家的境界不同。道家的無為而治是要放任自然，歸真返樸；法家的無為而治，是官行人主之法，君操無為之術；而儒家的無為而治，是為政以德，恭己正南面，使人於無聲無臭之中，忽然遷化。《中庸》所謂「君子不動而敬，不言而信，……不賞而民勸，不怒而民威於鈇鉞」，和荀子所謂「賞不用而民勸，罰不用而民服，有司不勞而事治，政令不煩而俗美」，都是儒家欲由德治與人治所達致的政治理想。

儒家的治道，除人治、德治、法治、刑治以外，尚有政治、禮治和樂治。現在我們來談談儒家王政的大端。

「政者正也」，凡使公眾的事務，由不正以歸於正的，都可以叫做政。儒家的政治，既以民為本，故凡足以解除人民憂患，增進人民幸福的事務，都是王政應有的內容。「當堯之時，天下猶未平，洪水橫流，氾濫於天下；草木暢茂，禽獸繁殖。五穀不登，禽獸逼人，獸蹄鳥跡之道交於中國；堯獨憂之，舉舜而敷治焉。」（《孟子・滕文公上》）這是堯施行王政時所感受到的種種問題。因此，舜使益掌火，烈山澤而焚之，使禽獸逃匿，是王政；禹疏九河、瀹濟漯而注諸海，決汝漢、排淮泗而注之江，是王政；后稷教民稼穡，樹藝五穀，是王政；及人民飽食煖衣，逸居而無教，則近於禽獸，聖人憂之，使契為司徒，教以人倫，使父子有親，君臣有義，夫婦有別，長幼有序，朋友有信，也是王政。只要人生文化所追求實現的價值理想，無有止極，王政的內容，在原則上，也是無有止極的。儒家的聖王對人民抱有無盡的責任感，所謂「萬方有罪，罪在朕躬，朕躬

有罪，無以萬方」，就是這種心情的寫照。這和西方民主政治下的政治家，對人民只負有限的責任，顯然有很大的不同。然而，以實現人民所追求的種種價值理想為職志的王政，也不是泛濫無歸的。他們大體上都遵循孔子所謂「既庶矣則富之，既富矣則教之」的道路。

儒家的王道，雖然有極高的理想，但要人民從善如流，必須對他們的經濟生活有所安頓。人民只有在仰足以事父母，俯足以畜妻子，樂歲終身飽，凶年免於死亡的情形下，才易於接受禮樂教化。故王道之始，必須使民養生喪死無憾。但要人民養生喪死無憾，便要為民制產。孟子曰：

> 無恆產而有恆心者，惟士為能。若民，則無恆產，因無恆心；苟無恆心，放辟邪侈，無不為已。及陷於罪，然後從而刑之，是罔民也。焉有仁人在位，罔民而可為也？是故明君制民之產，必使仰足以事父母，俯足以畜妻子；樂歲終身飽，凶年免於死亡；然後驅而之善，故民之從之也輕。今也，制民之產，仰不足以事父母，俯不足以畜妻子；樂歲終身苦，凶年不免於死亡；此惟救死而恐不贍，奚暇治禮義哉？（〈梁惠王上〉）

孟子認為要解決人民的經濟生活，為民制產，也並不難，只要把井田的界域經畫好，則分田制祿，可坐而定。故曰：

> 夫仁政，必自經界始。經界不正，井地不均，穀祿不平；是故暴君汙吏，必慢其經界。經界既正，分田制祿，可

坐而定也。（〈滕文公上〉）

　　儒家對解決經濟問題，都是比較樂觀的。問題只在政治上。荀子在〈富國篇〉講足國之道，要節用裕民。節用以禮，裕民以政。為政者若能「輕田野之稅，平關市之征，省商賈之數，罕興力役，無奪農時，如是則國富矣。」故兼足天下之道在明分，只要政治上軌道，在上者取之有法，在下者用之有節，則物產可「餘若丘山，不時焚燒，無所藏之」。故曰，「墨子之言，昭昭然為天下憂不足。夫不足，非天下之公患也，特墨子之私憂過計也。」（〈富國〉）孟子亦曰：

> 五畝之宅，樹牆下以桑，匹婦蠶之，則老者足以衣帛矣。五母雞，二母彘，無失其時，老者足以無失肉矣。百畝之田，匹夫耕之，八口之家，足以無飢矣。所謂西伯善養老者，制其田里，教之樹畜；導其妻子，使養其老。五十非帛不煖，七十非肉不飽；不煖不飽，謂之凍餒。文王之民，無凍餒之老者，此之謂也。（〈盡心上〉）

　　然而，儒家重視經濟，目的是使民養生喪死無憾，而不是為了富國強兵。故冉求為季氏聚斂，孔子便叫門徒鳴鼓而攻之。而孟子亦說，「君不行仁政而富之，皆棄於孔子者也。」（〈離婁上〉）又說：「善戰者服上刑，連諸侯者次之，辟草萊、任土地者次之。」（同上）儒家並不是反對開疆闢土，為正義而戰，只是反對不顧人民死活，以驅民耕戰來滿足人君大欲的暴政。所以孟子說：

今之事君者，皆曰：「我能為君辟土地、充府庫。」今之
所謂良臣，古之所謂民賊也。君不鄉道，不志於仁，而
求富之，是富桀也！「我能為君約與國，戰必克。」今之
所謂良臣，古之所謂民賊也。君不鄉道，不志於仁，而
求為之強戰，是輔桀也！（〈告子下〉）

　　孔子講足食足兵，是站在人民的立場講的，法家的富國強
兵，則完全為了滿足人君的權力欲。因為法家講富國卻主張貧
民，講強兵，卻主張弱民。《商君書・弱民》篇曰：「民辱則貴
爵，弱則尊官，貧則重賞。」為了人民尊官重賞，寧願人民陷於
貧弱之境。而法家要人民尊官重賞，無非欲成就人君的霸權而
已。這和儒家要老百姓自強不息，藏富於民之意，是完全相反
的。

　　孫子論兵，首重五事，曰「道、天、地、將、法。」但一般
人講霸權而不講王道，故議兵論戰，亦多談兵法與戰法，而不
談兵道與戰道。霸權是要以力來兼併天下，王道是要以德來堅
凝天下。只求建立霸權的人，是只能講兵法戰法，而不能講兵
道戰道的，「道者，令民與上同意，可與之死，可與之生，而不
畏危。」（《孫子兵法》）因此，只有與民同好惡的王道，才真正
可能令民與上同意，可與共生死。儒家說仁者無敵，是從這些
觀點著眼的。孟子說：

王如施仁政於民，省刑罰，薄稅斂；深耕易耨；壯者以
暇日修其孝悌忠信，入以事其父兄，出以事其長上；可
使制梃以撻秦楚之堅甲利兵矣。彼奪其民時，使不得耕

耨，以養其父母；父母凍餓，兄弟妻子離散。彼陷溺其
民，王往而征之，夫誰與王敵？故曰：「仁者無敵。」王
請勿疑。（〈梁惠王上〉）

孟子在這裡所說的戰爭，不是人君強加在人民頭上的戰爭，
而是人民在有了豐足的生活、倫理的情誼後，為了保衛他們的
鄉土和父老，而自動奮起的一種自衛行動。至於征討敵國，若
是弔民伐罪，則以萬乘之國伐萬乘之國，亦將簞食壺漿以迎王
師，這便由於這些戰爭行動，完全是合乎人民的旨意的。因此
臨武君與荀子議兵於趙孝成王之前，臨武君以為用兵之要術，
在於「上得天時，下得地利，觀敵之變動，後之發，先之至。」
而荀子則以為不然。他說：

臣所聞古之道，凡用兵攻戰之本，在乎壹民。弓矢不調，
則羿不能以中微；六馬不和，則造父不能以致遠；士民
不親附，則湯武不能以必勝也。故善附民者，是乃善用
兵者也。故兵要在乎善附民而已。（〈議兵〉）

荀子這番理論，無知者皆以為迂腐，實則是顛撲不破的真
理，若政教不修，士民不親不附，而只講權謀勢利、攻奪變詐，
便是亡國之兵。蓋儒家論兵，不是為爭奪，而是為禁暴除害，
不是為了一時之便，而是大便之便，不是為了兼併，而是為了
堅凝。荀子曰：

兼并易能也，唯堅凝之難焉。齊能并宋，而不能凝也，
故魏奪之。燕能并齊，而不能凝也，故田單奪之。韓之

上地，方數百里，完全富足而趨趙，趙不能凝也，故秦奪之。故能并之而不能凝則必奪，不能并之又不能凝，其有則必亡。能凝之則必能并之矣。得之則凝，兼并無強。古者湯以薄，武王以滈，皆百里之地也，天下為一，諸侯為臣，無它故焉，能凝之也。故凝士以禮，凝民以政；禮脩而士服，政平而民安；士服民安，夫是之謂大凝。以守則固，以征則強，令行禁止，王者之事畢矣。（〈議兵〉）

法家講強兵，無非欲達到「以守則固，以征則強，令行禁止」的目的，但按照儒家的觀點，這依然要在修禮、平政中求。只講軍事而不講政治，或只講政治而不講禮教，都是不能達到這個目的的。

儒家的王政，省刑罰，薄稅斂，敬事而信，節用而愛人，「使天下仕皆欲立於王之朝，耕者皆欲耕於王之野，商賈皆欲藏於王之市，行旅皆欲出於王之塗；天下之欲疾其君者，皆欲赴愬於王」，使老有所終，壯有所用，幼有所長，內無怨女，外無曠夫，而且要對天下之窮民而無告者發政施仁，使鰥寡孤獨廢疾者皆有所養。而其最高之理想，是由禮樂之治所達致的太平世景。

儒家的治道，是一種教化型態。它不但要明罰飭法，為民制產，使人守法聽令，養生喪死無憾，而且還要通過禮樂教化，使每一個人格都能達致完美的境地。

人的行為，在心為志，在口為聲，顯諸身為行。心志聲音

之於行為，雖極隱微，但卻是一切行為的根本。根本的地方，差若毫釐，便繆以千里。故儒家言治，特重慎始。慎始之道，便是以禮治躬，以樂治心，或以禮節民心，以樂和民聲。總之是要在幾微之際，用心著力，使人止邪於未形，日徙善遠罪而不自知。故《禮記・樂記》云：

> 禮以道其志，樂以和其聲，政以一其行，刑以防其姦。禮樂刑政，其極一也，所以同民心而出治道也。

儒家的治道，禮治、樂治、刑治、政治同時並舉，而其特色，更在於禮治與樂治。

禮樂在儒家的治道中，是相輔為用的。荀子云：

> 樂也者，和之不可變者也；禮也者，理之不可易者也。樂合同，禮別異，禮樂之統，管乎人心矣。（〈樂論〉）

荀子認為人群共處，必須要有別異。若群居而無分，便是烏合之眾，五倫之分，四民之別，親親之殺，尊賢之等，都是別異，群體有了別異，分工分職，才能明分達治。但只講別異而不講合同，這個社會便因缺乏同情共感而變得冷漠無情，結果便會彼此疏離而瓦解。故理想的社會，一方面要有別異的禮教，一方面亦要有合同的樂教。

禮樂為什麼管乎人心呢？因為樂由中出，音由心生。即使禮由外作，亦無不由心而生，故儒家總是要通過禮樂來治心的。〈樂記〉云：

　　君子曰：禮樂不可斯須去身。致樂以治心，則易直子諒
　　之心油然生矣。易直子諒之心生則樂，樂則安，安則久，
　　久則天，天則神。天則不言而信，神則不怒而威，致樂
　　以治心者也。致禮以治躬則莊敬，莊敬則嚴威。心中斯
　　須不和不樂，而鄙詐之心入之矣。外貌斯須不莊不敬，
　　而易慢之心入之矣。故樂也者，動於內者也；禮也者，
　　動於外者也。樂極和，禮極順，內和而外順，則民瞻其
　　顏色而弗與爭也；望其容貌，而民不生易慢焉。故德輝
　　動於內，而民莫不承聽；理發諸外，而民莫不承順。故
　　曰：致禮樂之道，舉而錯之，天下無難矣。

　　儒家的偉大理想，是欲通過禮樂教化，使人變化氣質，由
一個混濁不安的生命，蛻化為一個和樂莊敬的生命。因為樂者
為同，禮者為異，同則相親，異則相敬，樂勝則流，禮勝則離，
禮樂相輔為用，合情飾貌，便能達致理想的境地。以下我們根
據《禮記・樂記》篇先探討一下何以音樂能使人和樂的理由。

　　凡音之起，由人心生，人心感於物而動，故形於聲。其哀
心感者，其聲噍以殺，其樂心感者，其聲嘽以緩，其喜心感者，
其聲發以散，其怒心感者，其聲粗以厲，其敬心感者，其聲直
以廉，其愛心感者，其聲和以柔。志微噍殺之音作而民思憂，
嘽諧慢易繁文簡節之音作而民康樂，粗厲猛起奮末廣賁之音作
而民剛毅，廉直勁正莊誠之音作而民肅敬，寬裕肉好順成和動
之音作而民慈愛，流辟邪散狄成滌濫之音作而民淫亂。治世之
音安以樂，其政和；亂世之音怨以怒，其政乖，亡國之音哀以

思，其民困。故審聲可以知音，審音可以知樂，審樂可以知政，故曰：「聲音之道與政通。」又曰：「樂者，通倫理者也。」

音樂就其能引起群體的共鳴，使人同情共感，在忘我之中，相親相愛而言，都有使人和樂的功效，但不同的音樂，卻有著不同的性質，因此要以音樂來輔助政教，便當謹慎選擇教材，不能以亂世之音或亡國之音為教。「是故先王慎所以感之者」。

然則儒家之樂教，是以什麼樂為教呢？「凡姦聲感人，而逆氣應之；逆氣成象，而淫樂興焉。正聲感人，而順氣應之；順氣成象，而和樂興焉。」故曰：「樂也者，聖人之所樂也。」以聖人之所樂為正聲，其目的在於善人心，美風俗。因為樂教包含詩歌舞蹈，以詩言其志，以歌詠其聲，以舞動其容，然後配以金石絲竹匏土革木之樂器，故情深而文明，氣盛而化神。受樂教熏陶的人，姦聲亂色不留聰明，淫樂慝禮不接心術，惰慢邪辟之氣不設於身體，而能達致耳目聰明，血氣和平，移風易俗，天下皆寧的理想境地。

至於儒家的禮教，其廣大悉備，更如天地之無不持載，無不覆幬，它把我們整個人生都置於禮儀之中，希望人們能因禮教的熏陶而潛移默化，徙善遠罪。故曰：「禮者，人道之極也。」（《荀子·禮論》）人道不但要治生，也要治死。因為生是人之始，死是人之終，若厚其生而薄其死，敬其有知而慢其無知，便是姦人之道，背叛之心。故君子敬始而慎終，終始俱善，然後人道盡。故曰：「禮者，謹於治生死者也。」（〈禮論〉）

人之生，以養為先，故曰：「禮者，養也。」（〈禮論〉）禮如何能養人之欲，給人之求呢？荀子認為人生而有欲，欲而不得

則不能無求，求而無度量分界則爭，爭則亂，亂則窮，故必須制禮義以分之，使農分田而耕，賈分貨而販，百工分事而勸，士大夫分職而聽，建國諸侯之君分土而守，三公總方而議，使各安其分，各盡其能，求之有度，取之有節，便可使欲不窮乎物，物不屈於欲，而達致養人之欲，給人之求的目的。故明分辨異，不但可以為強固之本，威行之道，功名之總，亦可以使人各得其養。

儒家言禮，於養之外，更重在教。儒家的禮教，除教人坐如尸，立如齊，不苟訾，不苟笑，冬溫夏清，昏定晨省等平常日用的禮節外，其犖犖大者，則有冠、昏、喪、祭、朝、聘、鄉、射等禮。今據《禮記》，說明此等禮節之意義如下：

冠禮是責成人之禮。古者士子二十而冠，目的在使人明白自己已長大成人，將要盡為人子、為人弟、為人臣、為人少的責任。成人而必須加冠，是因為「容體正，顏色齊，辭令順，而后禮義備。以正君臣、親父子、和長幼。……冠而后服備，服備而后容體正、顏色齊、辭令順。」（〈冠義〉）故特別隆重其事。

昏禮是為了成男女之別，立夫婦之義。因為男女有別而後夫婦有義，夫婦有義而後父子有親，父子有親而後君臣有正。而且「昏禮者，將合二姓之好，上以事宗廟，而下以繼後世也。故君子重之。」（〈昏義〉）

喪禮在明死生之義。死之為道，一而不可再復，故人不能刻薄死者而增益生者，不能敬其有知而慢其無知，應事死如事生，事亡如事存，大象其生以送其死，以哀敬之心送其終，以

葬埋而敬藏其形，終始如一，然後人道完備。但人亦應節哀順變，毀不滅性，不宜以死傷生。故喪禮必須「變而飾，動而遠，久而平。」（《荀子‧禮論》）變而飾，謂殯殮加飾，目的在滅除生人對死者厭惡之心；動而遠，謂小斂於戶內，大斂於阼，殯於客位，祖於庭，葬於墓，目的在敬而遠之；久而平，謂如父母之喪，二十五月而止，目的在使哀傷經久而減殺如平常。

祭禮以生人為主，屬於吉禮，目的在報恩而不在求福。故祭天為報本反始，祭祖為追養繼孝，祭百神為崇德報功。人於專致其精明之德以行祭祀，致其誠信，與其忠敬，不但可使民德歸厚，而且也能上則順於鬼神，外則順於君長，內則以孝於親，而得無所不順之效應。故〈祭統〉篇云，祭有十倫，見鬼神之道、君臣之義、父子之倫，貴賤之等、親疏之殺、爵賞之施、夫婦之別、政事之均、長幼之序、上下之際。故聖王重之。

古時天子與諸侯，諸侯與鄰國，皆有朝禮有聘禮。朝則相見，聘則相問。朝、宗、覲、遇、會同都屬於朝禮。存、頫、省、聘、問都屬於聘禮。〈經解〉篇云：「朝覲之禮，所以明君臣之義也。聘問之禮，所以使諸侯相尊敬也。」

天子制禮，使諸侯每年一小聘，三年一大聘，目的在使諸侯以敬讓相接，而不相侵陵。故聘禮必用圭璋以隆重其事，但已行聘禮，便要還圭璋，以示輕財重禮之義。因為若諸侯均能以輕財重義相勉勵，人民亦將能以敬讓相接，如是則內不相陵，外不相侵，便可達國泰民安之境。

燕禮是君臣燕飲之禮。人君向群臣分別敬酒時，人臣均要拜謝，以明人臣之禮。但禮無不答，故人君亦當答拜，以明君

上之禮。〈燕義〉篇云：「臣下竭力盡能以立功於國，君必報之以爵祿，故臣下皆務竭力盡能以立功，是以國安而君寧。禮無不答，言上之不虛取於下也。上必明正道以道民，民道之而有功，然後取其什一，故上用足而下不匱也；是以上下和親而不相怨也。和寧，禮之用也；此君臣上下之大義也。故曰：燕禮者，所以明君臣之義也。」

鄉飲酒，是鄉人以時會聚飲酒之禮。但鄉飲酒之禮，非專為飲食，而在明長幼之序。故「六十者坐，五十者立侍，以聽政役，所以明尊長也。六十者三豆，七十者四豆，八十者五豆，九十者六豆，所以明養老也。民知尊長養老，而後乃能入孝弟。民入孝弟，出尊長養老，而後成教，成教而後國可安也。」（〈鄉飲酒義〉）所以孔子說：「吾觀於鄉，而知王道之易易也。」（同上）

射有鄉射與大射之別，卿大夫士因鄉飲酒而射，謂之鄉射，諸侯於燕禮後而射，是為大射。射者進退周還必中禮，內志正，外體直，然後持弓矢審固；持弓矢審固，然後可以言中。故射是一種仁道，求正於己，己正而後發，發而不中，亦不怨勝己者，反求諸己而已。故孔子曰：「君子無所爭，必也射乎，揖讓而升，下而飲，其爭也君子。」故射可以觀德行。古者天子以射選諸侯卿大夫士，「故天子之大射謂之射侯，射侯者，射為諸侯也。」可見射禮不但可以觀德行，亦可選賢與能，是以聖王重之。

由上可知，朝覲之禮，所以明君臣之義，聘問之禮，所以使諸侯相尊敬，喪祭之禮，所以明臣子之恩，鄉飲酒之禮，所以明長幼之序，昏姻之禮，所以明男女之別。故昏姻之禮廢則

夫婦之道苦，而淫辟之罪多。鄉飲酒之禮廢則長幼之序失，而爭鬥之獄繁。喪祭之禮廢則臣子之恩薄，而倍死忘生者眾。聘覲之禮廢則君臣之位失，諸侯之行惡，而倍叛侵陵之敗起。可見禮教都是要防微杜漸，使姦邪消弭於無形。故曰：「禮之教化也微，其止邪也於未形，使人日徙善遠罪而不自知也，是以先王隆之也。」（〈經解〉）

儒家的治道，除以《禮》《樂》為教外，尚有《詩》教、《書》教、《易》教、《春秋》教。《禮記・經解》云：

> 孔子曰：「入其國，其教可知也。其為人也：溫柔敦厚，《詩》教也；疏通知遠，《書》教也；廣博易良，《樂》教也；絜靜精微，《易》教也；恭儉莊敬，《禮》教也；屬辭比事，《春秋》教也。」

由此可知，儒家的治道，不止要人守法聽令，養生喪死無憾，而且要謹庠序之教，申之以孝弟之義；更要通過六經之教，使人溫柔敦厚而不愚，疏通知遠而不誣，廣博易良而不奢，絜靜精微而不賊，恭儉莊敬而不煩，屬辭比事而不亂。可見儒家的治道，實已超越今天民主政治的範疇遠甚。究竟這些思想，對推行民主政治而言，是有害的呢？還是有利的呢？

一般人以為今天的民主政治是政教分離的，中國要行民主政治，也必須使政治和教育徹底分離，如果我們的治道也講教化，必然會和民主政治背道而馳。因為一個極權的政體，為要全體人民向它全心全意地效忠，它必須設法控制人民的全面生活，所以除了意見之外，還得要掌握他們的感覺、欲望和感情。

除了控制人民的物質條件外，還要控制人民的內心生活。民主國家認為要不得的事物，極權國家卻在那裡極力推行。譬如照一般人的看法，文學、音樂、繪畫、戲劇、建築等，都是和民主制度無關的。反而極權國家卻把這些置於宣傳機構管理之下，用來維持獨裁的統治。因此杜威在其《自由與文化》一書的第一章中便說：

> 我們要避免為極權主義所愚的話，我們必須承認極權主義並不是完全單靠武力或表面上的壓力而維持它的統治的。

在第二章也說：

> 尤其要小心的，就是千萬不可相信這些極權國家完全靠強迫、壓力和威脅才能存在。因為儘管廣泛地採用清算、屠殺、集中營、沒收財產等手段，沒有一個政權可以在一個曾具有科學精神的國家中持久存在，除非它獲得人性中所謂「理想主義」的因素的支持。

極權主義者知道政治不是孤立的東西，它必須和其他文化部門配合起來。然而，今天鼓吹民主政治的人，卻完全不理會其他文化部門，以為它們都是些毫不相干的東西。當別人拿這些東西來輔助政治時，便一概視為極權主義，這實在是要加以澄清的。

一般反對政教合一，是反對以君為師，反對憑政治的力量來推行某種只利於一部分人的見解和觀點，因而扼殺了學術的

自由，和政治的自由。然而，儒家的治道，雖以禮樂為教，或以六經為教，卻並不是要推行一些人的見解，或維護一些人的利益。因為儒家的政權是開放的，壓根兒便不是一個封閉的極權政治，它是以民眾的利益為利益的。以六經為教，亦不是要灌輸一些什麼見解，因為六經皆史，皆先王之政典，六經不外是中華文化的總成績，以六經為教，不外使人性情敦厚，聞見疏通，智慮精明，行事莊敬而已。接受這些教育，就如今日要青年人接受德育、智育、體育、群育、美育等義務教育一樣，根本不會窒塞他們的聰明，妨礙他們的自由。至於在現實上以君為師，儒家也反對。孟子講朝廷莫如爵，鄉黨莫如齒，輔世長民莫如德，就是要在人爵以外，別立天爵，在趙孟之所貴以外，別立良貴。而且儒家還有「天子不召師」之義，認為有道之士，天子不得而臣，諸侯不得而友。故曰：

> 繆公亟見於子思曰：「古千乘之國以友士，何如？」子思不悅曰：「古之人有言，曰事之云乎；豈曰友之云乎？」子思之不悅也，豈不曰：「以位，則子君也，我臣也，何敢與君友也？以德，則子事我者也，奚可以與我友？」千乘之君，求與之友而不可得也，而況可召與？（《孟子・萬章下》）

因此，儒家認為政治必須與禮樂之治配合起來，相輔為用，這實在沒有什麼可議之處。問題不在於政教配合，而在於我們拿什麼去教。如果我們所教的志在控制人民的心智，而不是為了開發人民的心智，而且要以法為教，以吏為師，這樣的政教

合一，當然是應該加以反對的。

又儒家重視仁心理性，倫理義務，與西方尤其是英美以個體權利為出發點之民主意識不同。許多人認為儒家這些意識對推行民主法治都是有損無益的，因而必須加以揚棄。然而，中國文化精神自來就不重視個體之權利，中國人求不朽，也不是求個體靈魂的不朽，而是求歷史文化的不朽。故立德立功立言，都是從歷史文化上講，不是從個體靈魂上講。中國人所講的因果報應，從沒有前生來世的觀點。若某人今生為善不得福，為惡不得禍，也不是要從個體靈魂在前生來世的報償中加以說明，而只在兒孫身上或後代身上加以說明。故《易傳》云：「積善之家，必有餘慶，積不善之家，必有餘殃。」這些餘慶和餘殃都不從個體說，而從家族說，或從歷史文化上說。儒家本來就嚮往仁者渾然與物同體，嚮往天人合德，故中國人可以為盡倫理的義務而犧牲個人的利益。倘使我們認為必須把中國人這種重倫理義務的精神，改造為重個體權利才能推行民主政治的話，我看中國民主的前途是很渺茫的。當然，徒善不足以為政，只有主觀的仁心理性，而沒有客觀的法制，即理性只有運用的表現，而沒有架構的表現，民主政治還是開不出來的。但民主政治的基礎，也不在於人人有自私自利之心。事實上，民主的基礎只在於尊重一切由民意所立的法制。憑著私欲去行事固然不算民主，憑著仁心去行事，也不算民主。民主是要將我們主觀的意願合法化，不管那意願是私欲還是仁心，只要獲得大眾的贊同，把它合法化，則我們依循這合法化後的客觀意願行事，才算是民主的。英美的民主可以使個人權利合法化，中國的民主，大

可以要求仁心理性合法化。因此，推行民主政治，實不必要求中國人摒棄仁心理性。而且，從仁心理性出發去爭取建立的客觀法制，可以比從私利觀點出發去爭取建立的客觀法制，應該更能照顧到最大多數的最大利益。因此，中國未能走上民主之路，不能歸咎中國人講仁心理性和倫理義務太多，只能歸咎中國人由這些理想所建立的客觀法制太少。

中國未能本其仁心理性，創立健全的民主法制，自有種種歷史因緣，不必是仁心理性本身的限制。其實，順著仁心理性的要求發展，法制的建立，是應有之義。因此，儒家把政治視作道德的延續，由修身、齊家、治國、平天下一以貫之；從道德的立場言，這是很好的。但將治國平天下繫屬於主體的仁心上講，便依然是一種道德型態而非政治型態。儒家所應該邁進的，不是揚棄治國、平天下的道德擔負，而是要從這些擔負中，建立起健全的民主制度，為萬世開太平。

近人一面批評中國人只講義務，不講權利的觀念，一面又批評中國傳統的家族制度，鄉黨組織，倫理關係等，認為這些都是和民主政治的公民意識不合，因而認為這些勢力的存在，均妨礙民主勢力的成長，因而都有加以打倒的必要。似乎中國人無論講義務也不對，講權利也不對，真使人有無所適從之感。其實，民主是以協商途徑來解決問題的政治方式，一切現實的存在，都是民主政治的社會基礎，必須加以尊重。近人以否定傳統，全盤西化的浪漫態度來推行民主政治，把原已薄弱的社會基礎亦一掃而空，以求在沒有協商對象的情況下講民主，這只能是一種兒戲。真正關心中國民主前途的人，必須努力維護

傳統文化的一切勢力，並努力栽培社會上的新興勢力，中國的民主政治才有真實的基礎；否則，民眾尚且沒有獨立存在的餘地，更那裡談得上民主呢？

在中國文化系統內，雖無足夠的集團力量迫使政府立法，但良知理性在中國文化中依然有不可侮的作用。在培養社會勢力的同時，如何利用中國文化中尊重良知理性這一特點，因勢利導，而不把它和民主法治對立起來，產生不必要的紛擾，相信對民主法治的推行，還是大有裨益的。

從墨子之十務辨儒墨之異

一、儒墨之異同

　　孔子為中國古代學術之集大成者，又首以六藝教授民間，故近人多以孔子為諸子之首。但孔子以後，卻出現了一個楊墨之言盈天下的局面，儒家的學術，一開始便要接受各方面的挑戰。在初期，最大的挑戰可以說是來自墨子。

　　「墨子學儒者之業，受孔子之術，以為其禮煩擾而不悅、厚葬靡財而貧民、久服傷生而害事，故背周道而用夏政。」（《淮南子‧要略》）《墨子》全書五十三篇，除〈非儒〉一篇，直接以反對儒家名篇外，其餘如〈非樂〉、〈非命〉、〈天志〉、〈明鬼〉、〈節用〉、〈節葬〉、〈尚同〉、〈兼愛〉、〈所染〉、〈公孟〉諸篇，無不針對儒家立言。其規模之大，簡直可以把儒家學說全盤推翻，根本否定。幸而繼墨子之後，儒家出了一位偉大的衛道者——孟子，他以滔滔雄辯，仗義執言，直斥「楊氏為我，是無君也。墨氏兼愛，是無父也。無父無君，是禽獸也。」（〈滕文公下〉）並且大聲疾呼，認為楊墨之道不熄，則孔子之道不著，故

凡聖人之徒，皆應距楊墨，放淫辭，以承三聖。由是而掀起了二千多年來的儒墨對壘，而所謂百花齊放，百家爭鳴的局面，亦導源於此。

　　墨子是個兼愛天下，身體力行的人。他以夏禹為榜樣。禹治洪水，親操橐耜，腓無胈，脛無毛，沐甚雨，櫛疾風。禹為大聖，其形勞天下尚且如此，故墨子認為墨者當以裘褐為衣，跂蹻為服，日夜不休，以自苦為極。莊子在〈天下〉篇雖然對墨子有很深刻的批評，謂：「其生也勤，其死也薄，其道大觳；使人憂，使人悲，其行難為也，恐其不可以為聖人之道，反天下之心，天下不堪。墨子雖獨能任，奈天下何！離於天下，其去王也遠矣。」但到底亦禁不住對墨子的人格衷心地加以讚嘆，說：「墨子真天下之好也，將求之不得也，雖枯槁不舍也。才士也夫！」

　　就是因為墨子真天下之好，所以後人對孟子比墨子為禽獸的話，不免引起疑惑。其中對孟子推崇備至的韓愈，亦為墨子抱不平。他說：

> 儒譏墨以上同、兼愛、上賢、明鬼。而孔子畏大人，居是邦不非其大夫，《春秋》譏專臣，不上同哉！孔子泛愛親仁，以博施濟眾為聖，不兼愛哉！孔子賢賢，以四科進褒弟子，疾歿世而名不稱焉，不上賢哉！孔子祭如在，譏祭如不祭者，曰：「我祭則受福。」不明鬼哉！儒墨同是堯、舜，同非桀、紂，同修身正心以治天下國家，奚不相悅如是哉！余以為辯生於末學，各務售其師之說，

非二師之道本然也。孔子必用墨子，墨子必用孔子，不相用不足為孔、墨。(《韓昌黎集・雜著・讀墨子》)

此外俞樾亦云：

孔子貴公，墨子貴兼，其實一也。(《墨子・閒詁序》)

孫詒讓亦云：

墨氏兼愛，固諄諄以孝慈為本，其書具在，可以勘驗，而孟子斥之，至同無父之科，則亦少過矣。(《墨子・閒詁後語墨學通論序》)

韓愈謂辯生於末學的話究竟對不對呢？孟子固然善辯，而墨子更有〈墨辯〉六篇，其中〈小取〉篇詳論辯論之原理、歷程與應注意之事項，雖說都是後期墨家的發展，然墨子本人亦以善辯自稱。〈貴義〉篇云：「以其言非吾言者，是猶以卵投石也，盡天下之卵，其石猶是也，不可毀也。」而且《墨子》全書，多以辯論方式反對儒學，可見韓愈所謂辯生於末學，非二師之道本然之說，實不足信。然則儒墨之學術思想，確有根本上的分歧，韓愈所謂孔子必用墨子，墨子必用孔子，不但不合《淮南要略》所云，且亦有乖墨子非儒之旨，實有加以澄清之必要。

要辨儒墨的異同，似乎先要把握到墨學的根本觀念。近人論墨學的根本觀念者甚多，有以為在兼愛，有以為在天志，有以為在義道。雖然眾說紛紜，亦不必互相排斥。因為墨子的兼愛就是義道，而義自天出，故其義道亦即是天志。諸說本皆可

通，因此，我們與其問那一個觀念是墨子的根本觀念，倒不如先問墨學的目的是什麼？墨學的根本精神是什麼？

墨學的目的，很明顯是要撥亂反治，興天下之利，除天下之害。《墨子》各篇，差不多都在篇首反覆說明他這個目的。本來儒家也要撥亂反治。但由於墨子過分熱中於救世，要求急功近效，不能忍受像孔子那樣，寧願道不行乘桴浮於海，也要遵道而行、素位而行的態度。他要迫不及待地，以千方百計來興天下之利，除天下之害。因此，無可諱言，墨子明顯地是有實用主義和功利主義的精神和性格的。荀子說他「蔽於用而不知文，……由用謂之道，盡利矣。」（〈解蔽〉）可稱允當。

墨學的目的既然是要興天下之利，除天下之害，然則他用什麼方法去達成他的目的呢？墨子用以達成他的目的的方法，便是他的十務。〈魯問〉篇云：

> 子墨子游，魏越曰：「既得見四方之君子，則將先語？」子墨子曰：「凡入國，必擇務而從事焉。國家昏亂，則語之尚賢、尚同；國家貧，則語之節用、節葬；國家憙音湛湎，則語之非樂、非命；國家淫僻無禮，則語之尊天、事鬼；國家務奪侵凌，則語之兼愛、非攻。故曰擇務而從事焉。」

墨子認為尚賢、尚同、節用、節葬、非樂、非命、尊天、事鬼、兼愛、非攻，都是興利除害、撥亂反治的要務，可以在入人之國時，便宜選擇從事。這十務中，有些和墨子在〈公孟〉篇所批評的儒家的四政，明顯相反。如儒以天為不明，墨子卻

尊天；儒以鬼為不神，墨子卻明鬼；儒家厚葬久喪，重為棺椁，墨子卻節用節葬；儒家弦歌鼓舞，習為聲樂，墨子卻非樂；儒以命為有，不可損益，墨子卻非命。至於尚賢、尚同、兼愛、非攻四務，亦無不與儒學之基本精神歧異。以下即據墨子之十務，逐一辨明其與儒學之分歧，以明韓愈謂孔墨必相用之非。

二、墨子言十務的基本精神

我們先說明墨子言十務之目的。

有關尚賢一務，墨子一則曰：「國有賢良之士眾，則國家之治厚，賢良之士寡，則國家之治薄。故大人之務，將在於眾賢而已。」(〈尚賢上〉)再則曰：「今王公大人之君人民，主社稷，治國家，欲脩保而勿失，胡不察尚賢為政之本也。」(〈尚賢中〉)三則曰：「尚賢者，天鬼百姓之利，而政事之本也。」(〈尚賢下〉)可見尚賢之目的，在治國家，利百姓。

有關尚同一務，墨子一則曰：「天子唯能壹同天下之義，是以天下治也。」(〈尚同上〉)再則曰：「明乎民之無正長以一同天下之義，而天下亂也。是故選擇天下賢良聖知辯慧之人，立以為天子，使從事乎一同天下之義。」(〈尚同中〉)三則曰：「知者之事，必計國家百姓所以治者而為之，必計國家百姓之所以亂者而辟之。然計國家百姓之所以治者何也？上之為政，得下之情則治，不得下之情則亂。……然計得下之情將奈何可？故子墨子曰：『唯能以尚同一義為政，然後可矣。』」(〈尚同下〉)可見尚同之目的，在治國家百姓。

　　有關節用一務，墨子一則曰：「聖王為政，其發令興事，使民用財也，無不加用而為者。是故用財不費，民德不勞，其興利多矣。」（〈節用上〉）再則曰：「古者明王聖人，所以王天下，正諸侯者，彼其愛民謹忠，利民謹厚，……是故古者聖王，制為節用之法。」（〈節用中〉）可見節用之目的，在興天下之利，除天下之害。

　　有關節葬一務，墨子曰：「我意若使法其言，用其謀，厚葬久喪實可以富貧眾寡，定危治亂乎，此仁也、義也，孝子之事也，為人謀者不可不勸也。仁者將興之天下，設置而使民譽之，終勿廢也。意亦使法其言，用其謀，厚葬久喪實不可以富貧眾寡，定危理亂乎，此非仁非義，非孝子之事也，為人謀者不可不沮也。仁者將求除之天下，相廢而使人非之，終身勿為。」（〈節葬下〉）可見節葬之目的，亦在興天下之利，除天下之害。

　　有關非樂一務，墨子曰：「仁之事者，必務求興天下之利，除天下之害，將以為法乎天下。利人乎，即為；不利人乎，即止。……是故子墨子曰：『為樂非也。』」（〈非樂上〉）可見非樂之目的，亦在興天下之利，除天下之害。

　　有關非命一務，墨子曰：「今用執有命者之言，則上不聽治，下不從事。上不聽治，則刑政亂；下不從事，則財用不足。上無以供粢盛酒醴，祭祀上帝鬼神，下無以降綏天下賢可之士，外無以應待諸侯之賓客，內無以食飢衣寒，將養老弱。故命上不利於天，中不利於鬼，下不利於人。」（〈非命上〉）又云：「今天下之士君子，中實將欲求興天下之利，除天下之害，當若有命者之言，不可不強非也。」（〈非命下〉）可見非命之目的，亦

在興天下之利，除天下之害。

有關尊天一務，墨子認為天下之所以亂，皆由天下之士君子，不知獲罪於天，則無所逃於天地之間。若人人皆知天之賞賢而罰暴，人人皆能順天意，兼相愛，交相利，則天下治矣。故曰：「古者聖王明知天鬼之所福，而辟天鬼之所憎，以求興天下之利，而除天下之害。」（〈天志中〉）又云：「今天下之士君子，中實將欲為仁義，求為上士，上欲中聖王之道，下欲中國家百姓之利者，當天之志，而不可不察也。」（〈天志下〉）可見墨子講天志，目的亦在興天下之利，除天下之害。

有關事鬼一務，墨子曰：「嘗若鬼神之能賞賢如罰暴也。蓋本施之國家，施之萬民，實所以治國家利萬民之道也。」（〈明鬼下〉）可見明鬼之目的，即在於治國家，利萬民。

有關兼愛一務，墨子一則曰：「聖人以治天下為事者也，不可不察亂之所自起。當察亂何自起？起不相愛。……若使天下兼相愛，國與國不相攻，家與家不相亂，盜賊無有，君臣父子皆能孝慈，若此則天下治。」（〈兼愛上〉）再則曰：「今天下之君子，忠實欲天下之富，而惡其貧，欲天下之治，而惡其亂，當兼相愛、交相利，此聖王之法，天下之治道也，不可不務為也。」（〈兼愛中〉）三則曰：「『仁人之事者，必務求興天下之利，除天下之害。』今吾本原兼之所生，天下之大利者也；吾本原別之所生，天下之大害者也。」「是故子墨子曰：『別非而兼是』者。」（〈兼愛下〉）可見兼愛之目的，亦在興天下之利，除天下之害。

有關非攻一務，墨子曰：「今且天下之王公大人士君子，中情將欲求興天下之利，除天下之害，當若繁為攻伐，此實天下

之巨害也，今欲為仁義，求為上士，尚欲中聖王之道，下欲中國家百姓之利，故當若非攻之為說，而將不可不察者此也。」（〈非攻下〉）可見非攻之目的，亦在興天下之利，除天下之害。

以上我們不厭其詳，列述墨子所以言十務之理由，皆在於撥亂反治，興利除害。故十務本身不是目的，只是為了達成撥亂反治，興利除害的手段。撥亂反治，興利除害是功，十務是用，故就墨子所欲實現之目的言，墨子是個功利主義者；就墨子所從事之十務只有工具價值言，墨子是個實用主義者。荀子一面在〈非十二子篇〉說墨子「上功用，大儉約，而僈差等」，一面在〈解蔽篇〉說他「蔽於用而不知文」，實已把握了墨學的基本精神。以下我們即從墨子實用主義與功利主義的觀點，說明其所言之十務，與儒學的歧異。

一般人都知道儒家是反對實用主義和功利主義的觀點的。但他們往往由此而推論儒家是不講求實用價值和功利價值，這便有加以澄清的必要。

先秦儒家，自孔子以至於孟、荀，從來沒有輕視過實用與功利的價值。所以孔子對相桓公，霸諸侯，一匡天下，民到於今受其賜的管仲，仍稱「如其仁，如其仁。」當子貢問「如有博施於民而能濟眾，何如？可謂仁乎」時，孔子便答「何事於仁，必也聖乎！堯舜其猶病諸！」（《論語‧雍也》）孔子以能達致博施濟眾之功為聖，不止於仁，可見其對事功之重視。然而，人的行為，在其先是看不見它的結果的，人們只有按照一些指導原則去行為。墨子指導行為的原則是客觀的功利，而儒家指導行為的原則是良知的主體，儒家認為一切行為，都應該按照良

知主體的指導，良知認為應該怎樣做便怎樣做，直道而行，不可枉尺直尋，因為「欲速則不達，見小利則大事不成。」(《論語‧子路》)「仁義德行，常安之術也，然而未必不危也。汙僈突盜，常危之術也，然而未必不安也。故君子道其常，而小人道其怪。」(《荀子‧榮辱》)至於像法家以犧牲一切人生價值文化價值換取得來的富國強兵，儒家便決不能說是一種功利。儒家的功利，是和道義不可分的；所謂大業，必須與盛德一起講求，離開盛德，決無所謂大業，離開道義，也決無所謂功利。因此，儒家雖重功利，但指導行為的原則，仍當本之於我們生命主體的良知理性。

墨子雖然也以道義為指導行為的原則，但由於他認為義自天出，已脫離了生命主體，並將義客觀化為興利除害，撥亂反治的功利，因此，指導墨子行為的原則，便和儒家有很大的分歧。以下我們試循著墨子所言的十務，看看儒墨的學說究竟有怎樣的分歧。

三、尚　賢

首先，墨子尚賢，孔子也尚賢，但儒家尚賢，是對賢者的完美人格本身的崇尚，而不只計較他的社會功用。雖然儒家也講用之則行，舍之則藏，窮則獨善其身，達則兼善天下，但到底儒家的尚賢，是從價值主體立論的。一個人有了完美的人格，固然可以用之則行，兼善天下，也可以舍之則藏，獨善其身。像顏回一簞食，一瓢飲，在陋巷，人不堪其憂，而顏回卻不改

其樂，孔子便一再讚嘆「賢哉回也」，可見儒家尚賢，不必計較客觀的功利，這叫做禹稷顏回同道。

墨子尚賢，主要是從政治效用上講，以尚賢為政事之本，故曰：

> 古者聖王之為政，列德而尚賢，雖在農與工肆之人，有能則舉之，高予之爵，重予之祿，任之以事，斷予之令，曰：「爵位不高，則民弗敬，蓄祿不厚，則民不信，政令不斷，則民不畏。」舉三者授之賢者，非為賢賜也，欲其事之成。（〈尚賢上〉）

墨子尚賢，非為賢賜，只為欲其事之成。而墨子所欲成就的大事，無關乎賢者個體之人格，而只在於國家之治，天下之利。賢人為了成就國家之治，天下之利，便當自我犧牲，任勞任怨，以成就人君的美善與安樂，彷彿賢人只有外在的工具價值，別無內在的目的價值。因此他說：

> 賢人唯毋得明君而事之，竭四肢之力以任君之事，終身不倦。若有美善則歸之上，是以美善在上而所怨謗在下，寧樂在君，憂感在臣。（〈尚賢中〉）

儒家尚賢，也有賢者應為天下國家任勞任怨，殺身成仁之義。但儒家所以這樣做，不是由於外在的功利的理由，而是本於內在的仁心善性或良知理性，儒家認為生命的最高貴品質就是良知理性，生命的意義即在依循良知理性的指導，成己成物，立己立人，因此他肯定天下國家的價值，亦是從賢者的生命主

體立論的。從儒家的觀點看來，賢者的任勞任怨，不是委屈於功利目的之下的自我犧牲，而是依循於良知理性的自我完成。孔曰成仁，孟曰取義，都是就賢者本身的人格加以肯定的，這是一種完成，而不只是一種犧牲。墨子只從「欲其事之成也」上肯定賢者的價值，則其所謂尚賢，實即尚功用而已，這和儒家的尚賢，不能一概而論。

四、尚　同

其次，墨子講尚同，是從實用主義，功利主義，與全體主義的觀點出發的。他說：

> 古者民始生，未有刑政之時，蓋其語「人異義」。是以一人則一義，二人則二義，十人則十義，其人茲眾，其所謂義者亦茲眾。是以人是其義，以非人之義，故交相非也。是以內者父子兄弟作怨惡，離散不能相和合。天下之百姓，皆以水火毒藥相虧害，至有餘力不能以相勞，腐朽餘財不以相分，隱匿良道不以相教，天下之亂，若禽獸然。（〈尚同上〉）

墨子一開始便肯定一人一義，十人十義為致亂之源，而他提出挽救的方法，就是要以尚同為政。所謂尚同，就是選天下之賢可者，立以為天子、三公、諸侯、國君、鄉長、里正等，然後由天子發政於天下百姓，言曰：

「聞善而（王引之云：而猶與也，下同）不善，皆以告
其上。上之所是，必皆是之；所非，必皆非之。上有過
則規諫之，下有善則傍（孫詒讓曰：傍與訪通，下同）
薦之。上同而不下比者，此上之所賞，而下之所譽也。
意若聞善而不善，不以告其上，上之所是，弗能是，上
之所非，弗能非，上有過弗規諫，下有善弗傍薦，下比
不能上同者，此上之所罰，而百姓所毀也。」上以此為賞
罰，甚明察以審信。（〈尚同上〉）

　　墨子這一尚同思想，把是非的標準從生命主體中游離出去，
成為一外在的絕對權威，這和儒家肯定是非之心人皆有之，一
切價值理想必須從良知理性立根之說不同。照墨子的說法，不
但民眾不是一個價值主體，不能有獨立的是非標準，甚至里正、
鄉長、國君、以至天子亦然。墨子在〈法儀〉篇根本否定一切
個體可以為法。他認為父母不足為法，君師亦不足為法，只有
天，才是一切價值的根源，故天子亦只能上同於天。儒家以良
知理性為我們的生命主體，良知理性是通達的，所以我們的生
命也是開放的，而不是封閉的，他有主體性，同時也有普遍性。
儒家不但不贊成墨家只從全體、客體的觀點講同，也不贊成道
家只從個體與主體的觀點講異，而是要通過個體來講全體，通
過主體來講客體。因為只講同便會抹煞了個體性與主體性，只
講異又會否定了全體性與客體性，所以儒家不尚同，也不尚異，
而主張「和而不同」。（《論語・子路》）和是在肯定個體與主體
的情況下來講客體與全體的。這是要使個體與全體，主體與客

體同時成就的。孟子謂人心有所同然，又謂凡同類者舉相似也，便是要從肯定主體為價值的根源的同時，也肯定主體間可以建立共同的價值標準，這和墨子一味要人「上之所是，必皆是之，上之所非，必皆非之」的尚同思想，顯然有很大的差別。而且，墨子一面要臣下以在上者之是非為是非，不能有自己的是非，一面又要他們「上有過則規諫之，下有善則訪薦之」，也做成一個無法消解的矛盾。因為一個沒有自己的是非，唯以在上者之是非為是非的人，是不可能見到「上有過」和「下有善」的。

此外，墨子的尚同，不但要「上之所是，必皆是之，上之所非，必皆非之」，還要老百姓「聞善與不善，皆以告其上」。因為在墨子看來，治理國家百姓的要務中，得下之情是很重要的。他說：「上之為政，得下之情則治，不得下之情則亂。……然計得下之情將奈何可？故子墨子曰：『唯能以尚同一義為政，然後可矣。』」（〈尚同下〉）而得下之情的具體辦法，是施行連坐之法，迫使老百姓互相監督。〈尚同下〉篇云：

> 然胡不賞使家君試用家君，發憲布令其家，曰：「若見愛利家者，必以告；若見惡賊家者，亦必以告。若見愛利家以告，亦猶愛利家者也，上得且賞之，眾聞則譽之；若見惡賊家不以告，亦猶惡賊家者也，上得且罰之，眾聞則非之。」……國君亦為發憲布令於國之眾，曰：「若見愛利國者，必以告；若見惡賊國者，亦必以告。若見愛利國以告者，亦猶愛利國者也，上得且賞之，眾聞則譽之；若見惡賊國不以告者，亦猶惡賊國者也，上得且

罰之，眾聞則非之。」……天子亦為發憲布令於天下之眾，
曰：「若見愛利天下者，必以告；若見惡賊天下者，亦以
告。若見愛利天下以告者，亦猶愛利天下者也，上得則
賞之，眾聞則譽之；若見惡賊天下不以告者，亦猶惡賊
天下者也，上得且罰之，眾聞則非之。」

　　墨子為了使老百姓尚同其上，以得下之情，制為刑賞之法，
連收天下百姓，使天下百姓，聞善與不善，皆以告其上。故〈尚
同上〉篇云：「古者聖王為五刑，請以治其民，譬若絲縷之有紀，
罔罟之有綱，所連收天下之百姓不尚同其上者也。」於是千里之
外，其室人未遍知，鄉里未遍聞，天子即得而賞罰之。這對於
治道而言，雖然可以收到一時的功效，但要老百姓互相監督，
彼此告奸，因而使老百姓互相猜忌，離心離德，這和墨子提倡
兼愛，不啻背道而馳。而且把尚同的政治結構，作為獲取臣下
情報的工具，實開特務政治之先河。而且墨子雖云賞罰並用，
以刑罰加於惡賊國家者，以賞賜加於愛利國家者，但由於愛利
國家之人多，往往賞不勝賞，如是便有專用五刑，以連收天下
百姓之不尚同其上者之議，這亦可視為開法家專任刑罰的先河。
此等思想，顯然與儒家存在著極大的分歧。

五、節　用

　　其三，墨子講節用，目的在倍天下之利，去無用之費。「凡
費財勞力，不加利者，不為也。」（〈辭過〉）故凡為衣裳，能使

我們冬加溫，夏加清者為之，對溫清無所增益者去之。凡為宮室，能使冬禦風寒，夏禦暑雨，其堅固足以防盜賊者為之，對防禦風寒、暑雨、盜賊無所增益者去之。凡為甲盾兵器，能增加其輕而利，堅而難折者為之，不能，則去之。因此一切製作，決不為觀美，完全為了實用。故曰：「凡其為此物也，無不加用而為者，是故用財不費，民德不勞，其興利多矣。」（〈節用上〉）這是墨子言節用的大旨。但是，墨子認為物資和人口都是國家的財產，故節用之外，還要想辦法增加人口。因為要使衣裳、宮室、甲兵、舟車之數倍增，都不困難，最難的是增加人口的倍數。但墨子對這難題還是有辦法。他說：

> 孰為難倍？唯人為難倍。然人有可倍也。昔者聖王為法曰：「丈夫年二十，毋敢不處家。女子年十五，毋敢不事人。」此聖王之法也。（〈節用上〉）

墨子一面要人節用，要人過著其生也勤，其死也薄的生活，一面卻強迫老百姓努力生育，增加人口，他這種富貧眾寡的目的，似乎只為政治服務，而不是為人民服務。然而，墨子這種大儉約而儳差等的狹義的功用觀點，即使是為了實現富貧眾寡的目的，也是不可能的。荀子在〈富國篇〉說：

> 先王聖人……知夫為人主上者不美不飾之不足以一民也；不富不厚之不足以管下也；不威不強之不足以禁暴勝悍也；故必將撞大鐘，擊鳴鼓，吹笙竽，彈琴瑟，以塞其耳；必將彫琢刻鏤，黼黻文章，以塞其目；必將芻

豢稻粱，五味芬芳，以塞其口；然後眾人徒，備官職，漸慶賞，嚴刑罰，以戒其心；使天下生民之屬，皆知己之所願欲之舉在是于也，故其賞行；皆知己之所畏恐之舉在是于也，故其罰威。賞行罰威，則賢者可得而進也，不肖者可得而退也，能不能可得而官也。若是，則萬物得宜，事變得應，上得天時，下得地利，中得人和，則財貨渾渾如泉源，汸汸如河海，暴暴如丘山，不時焚燒，無所藏之，夫天下何患乎不足也。故儒術誠行，則天下大而富，使而功，撞鐘擊鼓而和。……墨術誠行，則天下尚儉而彌貧，非鬪而日爭，勞苦頓萃而愈無功，愀然憂戚非樂而日不和。

按照荀子的觀點，大鐘鳴鼓，竽笙琴瑟，彫琢刻鏤，黼黻文章，芻豢稻粱，五味芬芳，不但不是浪費，而且是兼足天下之道。因為兼足天下之道在明分，要明分便要辨異，要辨異便要財衍，黼黻文章足以辨貴賤，鐘鼓琴瑟足以辨吉凶，宮室臺榭足以辨輕重。故重色而成文章，重味而成珍備，財衍以明辨異，其目的都是為了兼足天下。

可見墨子無富國之術，昭昭然為天下憂不足，主張節用，太儉約而僈差等，使天下不能明分達治而達致兼足的境地，結果不獨不能倍天下之利，反而尚儉而彌貧，人們只能過著些其生也勤，其死也薄，使人憂，使人悲的生活，這實在不可以為人生文化的正途。因此莊子批評他「其行難為也，恐其不可以為聖人之道，反天下之心，天下不堪。墨子雖獨能任，奈天下

何！離於天下，其去王也遠矣。」實在是很對的。

六、節　葬

　　其四，墨子從節用的觀點，又引申出節葬來。墨子認為仁人為天下計度，「天下貧則從事乎富之；人民寡則從事乎眾之，眾而亂則從事乎治之。」（〈節葬下〉）而厚葬久喪，實不足以富貧眾寡定危治亂，且「重為棺槨，多為衣衾，送死若徙，三年哭泣，扶後起，杖後行，耳無聞，目無見，此足以喪天下。」（〈公孟〉）故墨子制為葬埋之法，曰：「棺三寸，足以朽骨；衣三領，足以朽肉；掘地之深，下無菹漏，氣無發洩於上，壟足以期其所，則止矣。……今天下之士君子，中請將欲為仁義，求為上士，上欲中聖王之道，下欲中國家百姓之利，故當若節喪之為政。」（〈節葬下〉）

　　儒家主張厚葬，只是為了盡人心。喪葬之禮，必須與財力相稱。故顏淵死，由於家貧，有棺而無槨，有學生請以孔子之車為槨，孔子亦不許。儒家居喪，亦要人節哀順變，「毀不滅性，不以死傷生。」（《禮記・喪服四制》）而且「頭有創則沐，身有瘍則浴，有疾則飲酒食肉。」（〈曲禮上〉）未嘗要人送死若徙，毀傷至扶而後起，杖而後行，耳無聞，目無見。

　　墨子之節葬，對於一些淫俗慝禮而言，雖有意義，但就其理論而言，可議者有：第一，即使從實用觀點言，節葬可以節省一些財用，但因為大儉約而慢差等，不能明分辨異，不能由明分達治而達致兼足天下的境地，便不免因小失大。荀子在〈禮

論篇〉云：

> 天子之喪動四海，屬諸侯。諸侯之喪動通國，屬大夫。
> 大夫之喪動一國，屬脩士。脩士之喪動一鄉，屬朋友。
> 庶人之喪，合族黨，動州里。刑餘罪人之喪，不得合族
> 黨，獨屬妻子，棺槨三寸，衣衾三領，不得飾棺，不得
> 晝行，以昏殯，凡緣而往埋之，反無哭泣之節，無衰麻
> 之服，無親疏月數之等，各反其平，各復其始，已葬埋，
> 若無喪者而止，夫是之謂至辱。

　　荀子藉著喪禮的等差來達致兼足天下的目的，似乎比墨子
為了節省一點財用，而使天下尚儉而彌貧，勞苦而愈無功，更
為可取。這是可議的第一點。其次，厚葬久喪，原來並非從功
利主義，實用主義的觀點出發。孟子云：

> 蓋上世嘗有不葬其親者，其親死，則舉而委之於壑。他
> 日過之，狐狸食之，蠅蚋姑嘬之；其顙有泚，睨而不視。
> 夫泚也，非為人泚，中心達於面目。蓋歸反虆梩而掩之。
> 掩之誠是也，則孝子仁人之掩其親，亦必有道矣。（〈滕
> 文公下〉）

　　孟子想像上世孝子仁人掩埋其親，完全是為了盡人心。因
此，孟子母喪，弟子充虞以為棺木過美而問之，孟子答云：「非
直為觀美也，然後盡於人心。不得，不可以為悅；無財，不可
以為悅；得之為有財，古之人皆用之，吾何為獨不然？且比化
者，無使土親膚，於人心獨無恔乎？吾聞之也：君子不以天下

儆其親。」(〈公孫丑下〉)而荀子在〈禮論篇〉亦云:三年之喪,「稱情而立文,因以飾群。」

厚葬中所表現的種種華美,並非只有藝術上觀美的價值,也非只有政教上飾群的價值,而更重要的是稱情立文,然後盡於人心。墨子要人生不歌,死不服,桐棺三寸而無槨以為法式,只有在人們的經濟能力或客觀環境不容許時,才合理。倘使只從功利上計較,不考慮人心人情,一律以此為法式,便不能算是合理的。這是可議的第二點。最後,墨子一面主張明鬼,一面主張薄葬,在理論上陷於自相矛盾。王充曾經批評他說:

> 墨家之議,自違其術,其薄葬而又右鬼。右鬼引效,以杜伯為驗。杜伯死人,如謂杜伯為鬼,則夫死者審有知。如有知而薄葬之,是怒死人也。情欲厚而惡薄,以薄受死者之責,雖右鬼其何益哉?如以鬼為非死人,則其信杜伯非也;如以鬼是死人,則其薄葬非也。術用乖錯,首尾相違,故以為非,非與是不明,皆不可行。(《論衡·薄葬》)

又云:

> 墨家薄葬右鬼,道乖相反,違其實,宜以難從也。乖違如何?使鬼非死人之精也,右之未可知,今墨家謂鬼審人之精也,厚其精而薄其屍,此於其神厚,而於其體薄也。薄厚不相勝,華實不相副,則怒而降禍,雖有其鬼,終以死恨。人情欲厚惡薄,神心猶然,用墨子之法,事

鬼求福，福罕至而禍常來也。以一況百，而墨家為法，皆若此類也，廢而不傳，蓋有以也。（《論衡‧案書》）

墨子薄葬的理論，「術用乖錯，首尾相違。」這是可議的第三點。

七、非　樂

其五，墨子講非樂，其所謂樂，包括目之所美，耳之所樂，口之所甘，身體之所安等而言。他所以非樂，並不是說大鐘鳴鼓，琴瑟竽笙之聲不樂；刻鏤雕琢，黼黻文章之色不美；芻豢煎炙之味不甘；高臺厚榭之居不安。雖身知其安，口知其甘，目知其美，耳知其樂，但上考之不合聖王之事，下度之不合萬民之利，所以才加以反對。單就大鐘鳴鼓，琴瑟竽笙之樂而言，為什麼會不合聖王之事，萬民之利呢？因為「使丈夫為之，廢丈夫耕稼樹藝之時；使婦人為之，廢婦人紡績織紝之事……與君子聽之，廢君子聽治；與賤人聽之，廢賤人之從事。……是故子墨子曰：『今天下士君子，請將欲求興天下之利，除天下之害，當在樂之為物，將不可不禁而止也。」（〈非樂上〉）

根據《禮記‧樂記》篇說，人心感於物而動，故形於聲，聲成文，謂之音，然後配上金石絲竹匏土革木等樂器，與干戚羽毛等舞蹈，便叫做樂。音樂本於人心，故可以觀德行。又由於文以歌詠舞蹈，金石絲竹，其氣盛而感化神速，故可以通於倫理政教。〈樂記〉云：

德者性之端也，樂者德之華也，金石絲竹樂之器也。詩
言其志也，歌咏其聲也，舞動其容也，三者本於心然後
樂器從之，是故情深而文明，氣盛而化神，和順積中，
而英華發外，唯樂不可以為偽。

儒家認為禮樂都是治道的一端，而且是相輔相成的。因為
禮主別異，樂主和同，社會一方面要明分辨異，分工分職，也
要心志交融，同情共感。無禮則成烏合之眾，無樂則彼此疏離，
只有推行禮樂，才能達致「樂行而志清，禮脩而行成，耳目聰
明，血氣和平，移風易俗，天下皆寧」（《荀子‧樂論》）的境地，
故禮樂必須相輔為用。可見即使只從興天下之利，除天下之害
的觀點來評價，墨子的非樂也沒有充分的理由，何況音樂還是
「人情之所必不免」（《荀子‧樂論》）的呢？

八、非　命

其六，墨子認為主張有命的人，必以為命富則富，命貧則
貧，命眾則眾，命寡則寡，命治則治，命亂則亂，命壽則壽，
命夭則夭，貧富壽夭治亂安危，各有其極，不可損益。「『上之
所罰，命固且罰，不暴故罰也。上之所賞，命固且賞，非賢故
賞也。』以此為君則不義，為臣則不忠，為父則不慈，為子則不
孝，為兄則不良，為弟則不弟。……今用執有命者之言，則上
不聽治，下不從事。上不聽治，則刑政亂；下不從事，則財用
不足。上無以供粢盛酒醴，祭祀上帝鬼神，下無以降綏天下賢

可之士，外無以應待諸侯之賓客，內無以食飢衣寒，將養老弱。故命上不利於天，中不利於鬼，下不利於人。而強執此者，此特凶言之所自生，而暴人之道也。」（〈非命上〉）因此墨子認為儒家執有命，足以喪天下。

墨子非命，完全站在實用與功利之觀點立論，他所以非命，是怕人信有命後，認為一切不可損益，雖強勁無用，便會上不聽治，下不從事，導致不利於天，不利於鬼，不利於人的結局。故墨子所反對的命，是定命論的命，而不是一般所謂天命。像天命有德，天討有罪的天命，是指天繼人的行為之善惡而加以賞罰的。墨子講天志，正是要肯定天有賞善罰惡的無上權威，所謂「天子為善，天能賞之；天子為暴，天能罰之。」（〈天志中〉）便是肯定天能降命。故〈非攻下〉篇便有「天有軲命……天乃命湯於鑣宮，……『予既受命於天，天命融隆火』，……『天命周文王』」等語。此等命，都不是指人的行為無論如何強勁，都無所損益的定命。反之，此等所謂命是完全視乎人的行為而定的，這便決不是墨子所非的命。

儒家所執的命，究竟是不是如墨子所言的呢？首先我們要指出，儒家並不重視天對我們行為的善惡直接降命行賞罰，而只重視我們的行為本身是否合理。合理的行為便是德行，人只要循理而行，直道而趨，自然會因此得到報償，即使不能獲致預期的效果，我們的行為依然要循理直道，決不可枉尺直尋。如果在我們盡了主觀的努力後，依然遭遇到客觀的限制，便當知命與俟命。但儒家言命，決不是認為主觀的努力對價值理想的實現不可損益，只是認為有些事情，我們對它沒有絕對的把

握，不能操之在我，於是才歸之於天命。其目的在叫人正視福
與德和義與利並無必然聯繫，使我們的行為從功利的計較中完
全擺脫出來，一切直道而行，盡其在我，因而生出只問耕耘，
不問收穫，甚至是知其不可為而為之的行動大力，勇猛精進。
可見儒家決沒有叫人上不聽治，下不從事，也沒有說人的努力
完全白費，人事的努力，「雖強勁何益」？子夏所謂「死生有命，
富貴在天」，亦當這樣解釋。

九、尊　天

其七，墨子講尊天，一般均以為這是墨子為一宗教家的明
證。近人自章太炎、梁任公、胡適之以下，多持此說。然而，
墨子尊天，據〈魯問〉篇所言，只是墨子入人之國，體察其國
家淫僻無禮時所選擇從事的十務之一。反之，當國家昏亂，國
家貧，國家憙音湛湎，國家務奪侵凌的時候，他便可以不講尊
天。如果墨子是個宗教家，則教人尊天應該是他不可須臾離的
神聖使命，豈有把它視為眾務之一，可講可不講之理。而且即
就墨子講天志而言，也不是為了超越的宗教目的，而是為了現
實的政治目的。墨子在〈天志下〉篇開宗明義說：

> 子墨子言曰：「天下之所以亂者，其說將何哉？則是天下
> 士君子，皆明於小而不明於大。……今人處若家得罪，
> 將猶有異家所以避逃之者，然且父以戒子，兄以戒弟，
> 曰：『戒之慎之，……』今人處若國得罪，將猶有異國所

以避逃之者矣，然且父以戒子，兄以戒弟，曰：『戒之慎
之，……。』今人皆處天下而事天，得罪於天，將無所以
避逃之者矣。然而莫知以相極戒也，吾以此知（天下士
君子）大物則不知者也。」是故子墨子言曰：「戒之慎之，
必為天之所欲，而去天之所惡。曰天之所欲者何也？所
惡者何也？天欲義而惡不義者也。」

　　墨子尊天，認為上天監臨下土，賞善罰惡，疏而不漏。「天
子為善，天能賞之；天子為暴，天能罰之。」（〈天志中〉）天尚
且能對天子行賞罰，天子以下，便更不用說了。天欲義而惡不
義，「義者，善政也。」（〈天志中〉）所謂善政，是指「處大國不
攻小國，處大家不篡小家，強者不劫弱，貴者不傲賤，多詐不
欺愚。」（〈天志上〉）而言。因此，墨子尊天，完全為了這個世
界的治亂，而不是為了往生另外的世界或其他宗教上的目的。
孔子對天帝還時常流露出「知我者其天乎」、「吾誰欺，欺天乎」、
「獲罪於天，無所禱也」一類充滿了宗教感情的話，而批評儒
以天為不明的墨子，像這些流露著宗教感情的話，竟然一句也
沒有。因此近人以墨子為教主，這實在是很有問題的。

十、明　鬼

　　至於墨子的明鬼，和講天志的理由完全相同。他的主要目
的並不是要肯定人死後有另外一個鬼神世界，而是要通過人民
對鬼神能賞賢罰暴的信仰來輔助政教。在〈明鬼下〉篇一開始，

墨子便說天下之所以亂，由於不明乎鬼神能賞賢罰暴。故曰：
「今若使天下之人，偕若信鬼神之能賞賢而罰暴也，則夫天下
豈亂哉！」為什麼會如此呢？〈明鬼下〉篇進一步說明曰：

> 子墨子曰：「嘗若鬼神之能賞賢而罰暴也。蓋本施之國家，
> 施之萬民，實所以治國家利萬民之道也。若以為不然，
> 是以吏治官府之不絜廉，男女之為無別者，鬼神見之；
> 民之為淫暴寇亂盜賊，以兵刃毒藥水火，退無罪人乎道
> 路，奪人車馬衣裘以自利者，有鬼神見之。是以吏治官
> 府，不敢不絜廉，見善不敢不賞，見暴不敢不罪。民之
> 為淫暴寇亂盜賊，以兵刃毒藥水火，退無罪人乎道路，
> 奪車馬衣裘以自利者，由此止……，是以天下治。故鬼
> 神之明，不可為幽澗廣澤，山林深谷，鬼神之明必知之。
> 鬼神之罰，不可為富貴眾強，勇力強武，堅甲利兵，鬼
> 神之罰必勝之。」

墨子之目的在實行義政，興天下之利，除天下之害。推行
義政的人是尚同政治機構下的正長。但一切現實政治中的執法
者，無論是官吏、國君或天子，他們的明察和力量都是有限的，
如有人殺人於幽澗廣澤，山林深谷之中，這些正長便不必都能
明察秋毫。即使明察秋毫，但遇上一些富貴眾強，勇力強武，
有堅甲利兵的暴徒，這些正長由於力量不足，也不必能對這些
暴徒繩之於法，這都是政亂的原因。如果在現實的政權之上，
冥冥之中還有天鬼監臨下土，無幽不察，無罪不罰，則不獨百
姓不敢為非，官吏不敢行惡，即使國君天子亦不敢恃勢凌人，

這樣，天下便必然平治。由此觀之，墨子明鬼，其終極關懷的是人而不是鬼，是現實的人生，而不是鬼神的世界。

墨子曾經批評儒家「執無鬼而學祭禮，是猶無客而學客禮也。」(〈公孟〉) 似乎墨子肯定鬼神的存在，是沒有問題的。《墨子》一書，亦確實到處「上本之於古者聖王之事」，「下原察百姓耳目之實」，證明鬼神之實有。然而，我們實在有更多證據，證明墨子肯定鬼神存在的主要理由，是本於「發以為刑政，以觀其對國家人民百姓之利。」

墨子要人尊天事鬼，既然是為了實現義政而呼喚出來的，因此人應如何事鬼神的問題，也被他的實用目的所決定。本來，鬼神既然能賞賢罰暴，則人通過一些祭祀行為，向鬼神祈福，似乎是很自然的事。但人如果因相信鬼神能賞賢罰暴而不去努力行義，反而專用力於祭祀，一味求鬼神賜福，這不獨無助於義政的推行，反而因為荒廢了人道之所宜，而妨害了推行義政，這是和墨子講明鬼的本旨矛盾的。所以墨子雖然要我們尊天事鬼，卻又要我們祭祀不祈。〈魯問〉篇云：

> 魯祝以一豚祭，而求百福於鬼神。子墨子聞之曰：「是不可。今施人薄而望人厚，則人唯恐其有賜於己也。今以一豚祭，而求百福於鬼神，唯恐其以牛羊祀也。古者聖王事鬼神，祭而已矣。」

孫詒讓注「祭而已矣」一語云：「謂無所求也。〈禮器〉云：『祭祀不祈。』鄭注云：『祭祀不為求福也。』」所以墨子的鬼神，不是宗教心靈的產物，不是為了滿足人們的宗教要求而設的，

而是為了實行義政而建構出來的律法的執行者而已。墨子在〈明鬼下〉篇又云：

> 今絜為酒醴粢盛，以敬慎祭祀，若使鬼神誠有，是得其父母姒兄而飲食之也，豈非厚利哉？若使鬼神誠亡，是乃費其所為酒醴粢盛之財耳。自夫費之，非特注之汙壑而棄之也，內者宗族，外者鄉里，皆得如具飲食之。雖使鬼神誠亡，此猶可以合歡聚眾，取親於鄉里。

　　曾經譏笑儒家「執無鬼而學祭祀，是猶無客而學客禮也」的墨子，竟然在「若使鬼神誠亡」的情況之下，只以能「合歡聚眾，取親於鄉里」為理由，要人「絜為酒醴粢盛，以敬慎祭祀。」則墨子祭祀鬼神，可以完全只由於祭祀本身有實用價值，而不必真有鬼神的客觀存在。墨子這種對祭祀鬼神的態度，實和《禮記‧祭統》篇所謂祭有十倫，為恩澤之大者，可以觀政，可以為教之本之說，實在沒有什麼差別。荀子亦云：「祭者，志意思慕之情也，忠信愛敬之至矣，禮節文貌之盛矣，苟非聖人，莫之能知也。聖人明知之，士君子安行之，官人以為守，百姓以成俗。其在君子，以為人道也；其在百姓，以為鬼事也。」（〈禮論〉）把祭祀看成是「人道」，而不是「鬼事」，這實在是儒墨的共同點。因為正如我們所已指出，墨家講明鬼只是十務之一，其目的在推行義政，興天下之利，除天下之害。不過，墨子認為要達到這個目的，必須使人民百姓篤信鬼神有客觀的存在，並且明明在上，監臨下土，賞善罰惡，毫不差忒，才能嚇阻人民為惡，鞭策人民為善。而儒家則完全本著人道來事鬼神，不

必肯定鬼神有客觀的存在。荀子云：

> 禮者，謹於治生死者也。生，人之始也；死，人之終也；
> 終始俱善，人道畢矣。故君子敬始而慎終，終始如一，
> 是君子之道，禮義之文也。夫厚其生而薄其死，是敬其
> 有知而慢其無知也，是姦人之道而倍叛之心也。君子以
> 倍叛之心接臧穀，猶且羞之，而況以事其所隆親乎！（〈禮
> 論〉）

儒家言禮，包括治生死而言。冠昏鄉射朝聘等都是治生之
禮，喪祭都是治死之禮。人生則有死，生是人之始，死是人之
終，終始俱盡，然後人道畢。儒家大體都傾向於人死則無知，
故《禮記・檀弓上》篇亦認為往送死者，把死者看作死而有知
為不智。但死者無知是一回事，生人對死者卻是有知的。故站
在生人方面說，不當敬其有知而慢其無知。因為這樣做，便是
姦人之道，背叛之心。儒家的祭祀，實為道德的延續。故《禮
記・郊特牲》篇謂「蜡之祭，仁之至，義之盡也。」可見，站在
人道的立場上，便足以肯定祭祀的價值。

儒家和墨家雖然都從人道的立場來肯定祭祀的價值，但儒
家的祭祀是扣緊人的宗教心靈說的，即扣緊人對鬼神的「志意
思慕之情，忠信愛敬之至」說的。儒家在以其誠敬以承祭祀的
時候，在主觀上雖可以對鬼神有「洋洋乎如在其上，如在其左
右」的實感。但由於這「非物自外至，自中出生於心」（《禮記・
祭統》）的鬼神，沒有客觀的存在，不能賞賢罰暴，不合墨子要
講明鬼的要求。因此在墨子嚴格的實用主義、理智主義的思想

中，是完全沒有地位的。墨子講明鬼，目的是要鬼神賞賢罰暴，推行義政，故必須肯定鬼神有客觀存在。然而，由於墨子肯定鬼神的客觀存在，只是從實用的理由出發，對鬼神無真切的實感，因此在〈非儒下〉篇對儒家為死者行復禮的事，依然大肆抨擊。他說：

> 其親死，列尸弗斂，登屋窺井，挑鼠穴，探滌器，而求其人矣。以為實在則贛愚甚矣；如其亡也必求焉，偽亦大矣！

復禮是古代留傳下來的一種禮，在親人剛死的時候，列尸不斂，而求其亡魂，希望能使死者復生。儒者原是古代從事相禮行業的人，所以也為人主持復禮。這雖然屬於孔子所謂小人儒的事，但從荀子「君子以為文，而百姓以為神」（〈天論〉）「君子以為人道也，而百姓以為鬼事也」（〈禮論〉）的觀點說，復禮也並非為君子儒所排斥。並且在親人剛剛死去的時候，我們由於在情志上不能接受這一突然而來的悲慘事實，因而凡有可以使死者復生的方法，我們都願意去嘗試，以求有萬一的機會，這是人情所不能免的。基於人的這一感情，而稱情立文，制為復禮，也是儒家所許可的。今墨子認為登屋窺井，以求死者亡魂的復禮，不是愚戀，就是虛偽，這便不獨否定鬼神的客觀存在，而且認為我們對鬼神的情志上的思慕與祈求都是虛偽的。可見墨子講明鬼，完全出於實用主義的觀點，以神道設教來推行義政，在人的內心深處，並沒有懇切的志意思慕之情，忠信愛敬之至，因而對一切禮節文貌之盛亦不能肯定，而主張節用

節葬，非禮非樂。使他對鬼神的態度，完全隨著實用的觀點加以可否，因而引致上述種種矛盾。

由此可知，儒墨雖然都從人道的立場來處理鬼神的問題，但由於儒家能全面肯定人生文化的種種價值，對人的情志亦能尊重與關懷，不純從功利的觀點作理智的計較，因而對祭祀鬼神的問題，較能情理兼顧。而墨子對個人的情志生活是很少同情與尊重的，他只著眼於興天下之利，除天下之害，對文化的禁制性甚強，這是儒墨雖然同樣以人道的立場來處理鬼神的問題，而結果還是分道揚鑣的原因。在我們了解墨子思想的時候，這些地方都是應該加以注意的。至於人們由墨子講天志明鬼，因而把墨子視為一位宗教家，那就更有重新加以檢討的必要了。

十一、兼　愛

墨子的十務，除以上所論尚賢、尚同、節用、節葬、非樂、非命、尊天、事鬼之外，尚有兼愛與非攻。

墨子言兼愛，孔子言泛愛親仁，且以博施濟眾為聖，這和墨子所言確有很相似的地方，難怪韓愈要說「孔子必用墨子，墨子必用孔子，不相用不足為孔、墨。」但以上我們已經說明了儒墨不但在許多地方存在著明顯的對立，而且某些方面雖然在表面上很相似，但還是存在著內在精神的分歧。墨子言兼愛和孔子言泛愛，依然不能例外。

儒家以愛訓仁，這愛完全出於生命的同情共感，痛癢相關，其間本於情之不容已，不容有任何安排，亦無任何外在的理由

可說。故孟子謂「今人乍見孺子將入於井，皆有怵惕惻隱之心；非所以納交於孺子之父母也，非所以要譽於鄉黨朋友也，非惡其聲而然也。」（〈公孫丑上〉）可見惻隱之心只是我們生命中真性情的流露，沒有任何功利的計較可言。而墨子禁惡勸愛，則完全基於功利主義、實用主義的理由。他說：

> 聖人以治天下為事者，惡得不禁惡而勸愛？故天下兼相愛則治，交相惡則亂，故子墨子曰「不可以不勸愛人」者，此也。（〈兼愛上〉）

墨子勸愛，只為這是治天下所必須，而不是本於人的情性，這是和儒家不同的第一點。

又墨子稱他所主張的愛是兼愛，而稱儒家所主張的愛是別愛。別愛是有親疏遠近之別的差等之愛，兼愛是平等無差別的愛。父自愛，不愛子，兄自愛，不愛弟，君自愛，不愛臣，固然是別愛；老吾老以及人之老，幼吾幼以及人之幼；親親而仁民，仁民而愛物，這在墨子看來，也是別愛。兼愛是要視人之身若其身，視人之家若其家，視人之國若其國的。這是和儒家不同的第二點。

此外，墨子言愛，必連利而言，故曰：「兼相愛，交相利。」（〈兼愛中〉）「兼而愛之，從而利之。」（〈尚賢中〉）「兼之所生，天下之大利也。」（〈兼愛下〉）為什麼兼相愛便會交相利呢？原來兼愛本身就是利。本來，從儒家的觀點言，愛是我們生命主體對他人他物所產生的一種同情共感，痛癢相關之情。這種情，是盡其在我，向外投射、向外施與、不求報償的，根本無所謂

利不利。但墨子的兼愛，則不只是向外投射，而且是必然有回
應的，不只是向外施與，而且必然有報償的，因為它不只是我
為人人，而且要求人人為我。我以一人之力為人人，結果卻得
人人之力為我，這豈不是大利嗎？因此他說：

> 吾不識孝子之為親度者，亦欲人愛利其親與？意欲人之
> 惡賊其親與？以說觀之，即欲人之愛利其親也。然即吾
> 惡先從事即得此？若我先從事乎愛利人之親，然後人報
> 我愛利吾親乎？意我先從事乎惡人之親，然後人報我以
> 愛利吾親乎？即必吾先從事愛利人之親，然後人報我以
> 愛利吾親也。……先王之所書，〈大雅〉之所道曰：「無
> 言而不讎，無德而不報，投我以桃，報之以李。」即此言
> 愛人者必見愛也，而惡人者必見惡也。（〈兼愛下〉）

原來墨子講兼愛，就是要人兼相愛，亦即以愛來互相交換。
如是，則我們愛別人，必然也受別人所愛。我從事愛利人之親，
吾親亦必然獲得別人的愛利，這樣，兼相愛，便可以交相利了。
把愛連著利言，而且把愛利作為一種交換條件，這是和儒家不
同的第三點。

兼愛是一種平等無差別的愛，近人往往認為這種愛是大公
無私的，相反地，認為儒家的差等之愛，是一種偏私的愛。究
竟是不是這樣呢？首先我們要說明的是：儒家的仁愛，雖然有
差等，但由親親而仁民，仁民而愛物，最後還是以渾然與物同
體為仁愛的最高理想，因此，仁愛的範圍，原則上還是無限的。
至於儒家的仁愛既然以渾然與物同體為最高理想，為什麼不在

開始的時候便行平等無差別的愛呢?這因為愛是一種真情實感，必須從生命主體發出來，而我們的生命主體是個有限的存在，他和其他有限的存在具有不同的親疏遠近的關係。好比一支燭光，它的光和熱，只能由近及遠地外射出去，比較接近它的東西，自然較先得到較多的光明和溫暖，這是天理自然，也是無可奈何的事。若要我們行平等無差別的愛，就正如我們要一個光源能平等無差別地照射一切東西一樣，這即使太陽也辦不到，除非這光源或愛的主體是個無限者。墨子的兼愛原是天志，其實是以無限者的天作主體的。照理只有天才能行兼愛之道，今墨子要人行兼愛，即要有限的主體行無限主體的事，這原本是不應理的。因為在一切人之中，有些人生我，有些人養我，有些人是同宗，有些人是同胞，有些人是我認識的，有些人是我不認識的，我們對他們的愛，應該也有輕重緩急之別才應理。孔子不贊成我們以德報怨，而主張以直報怨，以德報德，就是要我們恩怨分明。因此愛無差等，不辨親疏，在理論上也是說不通的。何況要有限的生命主體行無限的生命主體的愛，在實踐上更存在著不可克服的困難。耶穌可以用五餅二魚餵飽幾千人，我們卻不能。因為耶穌是神，是無限的生命主體，而我們是人，是有限的生命主體。即使我們能把五餅二魚化為幾千個餅，幾千條魚，我們也無法同時餵飽幾千個人。因為我們只有兩隻手，在分發食物給他們時，亦不可能沒有先後緩急。然則我們應當先親後疏，還是先疏後親呢?如果我們像墨者夷子一樣，主張「愛無差等，施由親始」(《孟子‧滕文公上》)，便把兼愛的體和用，理論和實踐打成兩橛，難免「二本」之譏。如

果我們先疏後親，或不別親疏，便會導致「其所厚者薄，而其所薄者厚」的情況，完全違反了人性。

　　儒家的仁愛，是從我們的生命主體發出來的，和我們生命最接近的是父兄，因此有子以孝弟為行仁之本。以孝弟為行仁之本，就是要我們從孝弟培養我們的愛根，使至於通神明、光四海之盛。儒家決不在開始時便要我們離開生命主體的實感，去效法天帝行兼愛之道。熊十力先生云：

> 儒家以孝弟為天性之發端處，特別著重養得此端倪，方可擴而充之，仁民愛物，以至通神明，光四海之盛。若將父兄與民物，看作一例，而談兼愛，則恐愛根已薄，非從人情自然之節文上涵養擴充去。而兼愛只是知解上認為理當如此，卻未涵養得真情出，如何濟得事？不唯不濟事，且將以兼愛之名，而為禍人之實矣。世界上服膺博愛教義之民族，何嘗稍抑其侵略之雄心耶？王船山先生《四書義》，於〈有子孝弟為仁之本〉一章中，痛闢佛家外人倫而侈言大悲，教人在念慮中空持大願，卻不從人倫日用或家國事為之際，切實去陶養，只空空懸想無量眾生淪溺生死海中，而作意去發大悲大願。其行出世，故不露破綻，使其涉世，敗闕立見。船山所云，確有至理。余老來教學者，只依《四書》，雖研佛學，而不敢輕取其大悲大願之文，以騰口說。德性須於天倫處立根基，於日用踐履中陶養，不可於心上作大悲大願想，自居救主，而卑視眾生，反損其本來萬物一體之性分。

悲願非不當，卻須如孔孟談仁談志始得。（《十力語要・
卷一》）

又云：

> 人類之道德，發源於親子之愛……若已絕愛源，而高談
> 博愛，恐人情益澆薄，無以復其性也。儒家言道德，必
> 由親親而擴充之為仁民愛物，此其根本大義，不容變革
> 也。（《讀經示要・卷一》）

　　熊先生說儒家言道德，以孝弟為天性之發端處，特別著重
涵養此端倪方可擴而充之，這才是有本有源；若不從生命主體
之真情實感上涵養擴充，只從知解上認為理當如此，而高談兼
愛，侈言大悲，則不但不濟事，且將為禍人之口實。其對墨子
之批評，可謂痛切。亞里士多德嘗言：「屬於一切人的孩子，是
不屬於任何人的孩子。」雅士培亦說：「只愛人類的人，根本就
沒有愛，愛這個特殊的人之人，才在愛。」墨子要我們「視人之
父若其父，視人之子若其子」，結果只有變成視己之父若人父，
視己之子若人子。誰也不是誰的兒子，誰也不是誰的父親。所
以孟子說「墨翟兼愛，是無父也」，這不是完全沒有理由的。

　　墨子言兼愛，既然只以推行義政為理由，而不是從人情自
然之節文上涵養擴充去，因此對我們的生命主體而言，都是沒
有真情實感的。推行起來，難免倍感困難。當時有人批評墨子，
說「兼者之言，即善而不可用」，墨子便舉兼士與別士，兼君與
別君為例，說明人們都是「言而非兼，擇即取兼」，以證明兼愛

並不是不可行的。但墨子認為人要託其子女於其友時，都會選擇兼士，而不選擇別士，這個假定也是有問題的。因為墨子認為人皆欲託其子女於兼士，原因是兼士視人之子若其子，會對自己的子女較有利。但是，倘使這兼士真能兼愛天下人的子女，則他對待自己的子女，亦如對待天下人的子女一樣，則我們把自己的子女寄託給他，亦不見得有利。即使兼士兼愛天下人，天下人也兼愛兼士，結果亦只是不盈不虧，無損無益，談不上有什麼溢利。因此，從利的觀點來鼓勵人行兼愛，其理由還是不充分的。

　　兼愛既不是人情之自然，又不能從個體的利益上講，然則我們用什麼方法去推行兼愛呢？於此，墨子便特別重視賞罰。〈兼愛中〉云：

> 「兼則善矣，雖然，天下之難物于故也。」子墨子言曰：
> 「天下之士君子，特不識其利，辯其故也。今若夫攻城
> 野戰，殺身為名，此天下百姓之所皆難也，苟君說之，
> 則士眾能為之。況於兼相愛，交相利，則與此異。⋯⋯
> 此何難之有！」

　　攻城野戰，殺身為名，這原是老百姓所難的事，但由於人君喜歡，士眾便去做。為什麼士眾要投人君的喜歡呢？因為人君操執賞罰的大權，凡攻城野戰，殺身為名的便賞，否則便罰，士眾為了得賞避罰，所以便去做。墨子認為只要人君喜歡兼愛，以賞罰來推行兼愛，則一切困難，便可以迎刃而解。墨子建立尚同的政治結構，其目的就是以賞罰來督促人民上同於天志，

奉行兼愛。此外，他為了恐怕現實的政治結構不完備，於是神道設教，更以天鬼來行賞罰，務使人人行兼愛之道。這樣，墨子的兼愛，完全不是本之於人的惻怛之誠，人行兼愛，只是為了好利惡害，趨吉避凶而已。然則墨子推行兼愛，適足以助長人的貪欲，所謂生於其心，害於其政，不可不慎。

十二、非　攻

最後，我們談談墨子的非攻。墨子反對攻戰，一方面從其不義說，一方面從其不利說。首先從不利言。凡興師動眾，冬行恐寒，夏行恐暑，春則廢民耕稼樹藝，秋則廢民穫斂。竹箭、甲盾、兵車、牛馬之靡費者不可勝數，百姓士卒之死亡者不可勝數。計其所得，不如所喪者之多，故攻戰而勝，尚且得不償失，攻戰而敗，更是貽害無窮，這是從不利來反對攻戰。

其次，攻戰乃虧人以自利的事，違反正義，故加以反對，〈非攻上〉篇云：

> 今有一人，入人園圃，竊其桃李，眾聞則非之，上為政者得則罰之。此何也？以虧人自利也。至攘人犬豕雞豚，其不義又甚入人園圃竊桃李。是何故也？以虧人愈多，其不仁茲甚，罪益厚。至入人欄廄，取人馬牛……殺不辜人也，扡其衣裘，取戈劍者，……天下之君子皆知而非之，謂之不義。今至大為攻國，則弗知非，從而譽之，謂之義。此可謂知義與不義之別乎？

　　墨子認為攻戰不但無利可圖，而且即使有利可圖，虧人以自利，也是不義的。因此墨子除以攻戰不利加以反對外，也以攻戰不義而加以反對。但墨子雖反對攻戰，卻不反對征誅。征誅是弔民伐罪，替天行道的義戰，這和虧人以自利的攻戰，不可同日而語。像禹征有苗，湯伐桀，武王伐紂，都是解民倒懸，除暴安良的事，「彼非所謂攻，謂誅也。」所以都是墨子所肯定的。

　　儒家和墨家同樣肯定征伐，反對攻戰。故孟子有「君不鄉道，不志於仁，而求為之強戰，是輔桀也」（〈告子下〉）和「善戰者服上刑」（〈離婁上〉）之說。但孟子反對攻戰的理由，卻不從利上說。故宋牼往說秦楚罷兵，孟子遇於石丘，知道宋牼遊說的大旨在言攻戰不利時，便對宋牼說：

> 先生之志則大矣；先生之號則不可。先生以利說秦楚之王，秦楚之王悅於利，以罷三軍之師，是三軍之士樂罷而悅於利也。為人臣者，懷利以事其君；為人子者，懷利以事其父；為人弟者，懷利以事其兄；是君臣、父子、兄弟，終去仁義，懷利以相接；然而不亡者，未之有也！先生以仁義說秦楚之王，秦楚王悅於仁義，而罷三軍之師；是三軍之士樂罷而悅於仁義也。為人臣者，懷仁義以事其君；為人子者，懷仁義以事其父；為人弟者，懷仁義以事其兄；是君臣、父子、兄弟，去利，懷仁義以相接也；然而不王者，未之有也！何必曰利？（〈告子下〉）

　　可見儒家非攻，並不從攻戰不利上說。然則儒家從不義的

觀點反對攻戰，是否便和墨家一樣呢？這在表面上看，似乎是如此。但儒墨所謂義與不義，依然有不同的意思。因為墨子認為義自天出，故以攻戰為不義，即以攻戰為違反天志，而不是違反我們的良知理性。故儒墨雖同以不義反對攻戰，但其思想背景仍是不同的。

　　以上我們不厭其詳地辨明墨子的十務，和儒家在精神上的分歧。大抵儒家重視主體，墨家重視客體。儒家要由主體開出客體，墨家則要由客體規定主體。近代的公民意識，從客觀政治的立場，規定社會上各個分子有同等的權利與義務，這似乎比較接近墨家愛無差等的觀點。但作為一個存在的生命主體，他固然要過政治的生活，也要過家庭倫理，社會群體的生活，和文學藝術，道德宗教的生活。這些生活，不可能離開生命主體，只從客觀上加以規定。實則，即使是近代的公民意識，歸根究底還是我們生命主體的良知理性所肯定的。只有自覺到生命主體是一切價值的根源，人類的一切文化活動才不致成為無源之水，無根之木，才不致有枯竭的危險。儒家重視主體，不但要從主體開出一切價值，也要一切價值回歸於主體，落實於主體。這樣，一切價值才不致流為虛幻。我們這個時代所以充滿了失落感與虛幻感，未始不是由於生命離其自己，也使彼此疏離所致。要挽救這一文化危機，依然要逃墨而歸於儒，故為儒墨辨異，說明「孔子必用墨子，墨子必用孔子」之非，應該是有必要的。

〈齊物論〉郭注平議

　　郭象少有才理，所注《莊子》，頗能發明奇趣，振起玄風，故歷來學莊者，多受其影響。但郭注實多清言，僅藉《莊》書發揮己見，其中尤以注〈齊物論〉一篇，乖謬至多，不可不辨。

　　〈齊物論〉舊以「齊物」連讀，《文心雕龍・論說》篇謂「莊周〈齊物〉，以論為名。」是其一例。惟古無以「論」名文體者。且〈內篇〉篇名，皆以三字成義，故朱桂曜認為〈齊物論〉應「物論」連讀，「物論」猶物議也，〈齊物論〉即齊物議之是非。今衡以〈齊物論〉全文，當以「物論」連讀為宜。

　　莊子〈齊物論〉，一般均以為乃莊子知識論之所在。實則莊子在本篇所終極關懷之問題，不是知識問題，而是人生問題；不是積極地建構一獲取公是公非、真是真非的標準問題，而是消極地泯除物論的是非，以免勞神苦思、傷心害性的問題。

　　據〈天下篇〉所述，莊子認為在百家蠭起，各執一端，崇其所善之前，原有一個道術之全的理想境界。後來由於各家各得一察焉以自好，如耳目口鼻，皆有所明，不能相通，日夕沉溺於是非之爭，彼我之辯中，以至判天地之美，析萬物之理，散古人之全，使後世之學者，不幸不見天地之純，古人之大體，

道術將為天下裂。

　　道術將為天下裂，固然是一件可悲可哀的事，但人、物陷溺於是非之爭，彼我之辯中，寐則魂交，覺則形役，與接為構，日以心鬥；大知則防衛森嚴，小知則伺隙而進，大言則盛氣凌人，小言則細碎囉嗦；攻擊別人時，發如機括，堅持觀點時，留如詛盟；一時肅殺如秋冬，一時厭倦如緘默；終身役役而不見其成功，薾然疲役而不知所歸；其形化，其心與之然，卒使近死之心，毫無生人之氣；這是一件比道術將為天下裂更可悲可哀的事。莊子有憫乎此，乃欲息是非之爭，止彼我之辯，使人無傷其形，無勞其精，而遊心乎德之和，這是莊子作〈齊物論〉之主要動機。故〈齊物論〉認為站在人我的對待中，一切辯論都是不能相知，不能相正的。莊子說：

> 　　既使我與若辯矣，若勝我，我不若勝，若果是也？我果非也邪？我勝若，若不吾勝，我果是也？而果非也邪？其或是也？其或非也邪？其俱是也？其俱非也邪？我與若不能相知也。則人固受其黮闇，吾誰使正之？使同乎若者正之，既與若同矣，惡能正之？使同乎我者正之，既同乎我矣，惡能正之？使異乎我與若者正之，既異乎我與若矣，惡能正之？使同乎我與若者正之，既同乎我與若矣，惡能正之？然則我與若與人俱不能相知也。

　　莊子的〈齊物論〉，既不是要建立一客觀的標準來評定物論之是非，而是要人從知識的營求中，是非的無窮中，擺脫出來，泯除一切是非的爭辯，然則他用什麼方法去泯除物論之是非呢？

　　莊子要齊物論，泯是非，首先便要知道是非是怎樣產生的。莊子認為是非生於成心，而所謂成心，是陷溺於成形中的心。

　　莊子以天地為大鑪，以造化為大冶，萬物在天地之中，無論為莊周、為蝴蝶、為鼠肝、為蟲臂、為大鵬、為小鳥、為腐朽、為神奇，都只是化跡，是萬化中之一遇，人但當順化，而不應怛化。故〈大宗師〉云：

> 父母於子，東西南北，唯命之從。陰陽於人，不翅父母。彼近吾死而我不聽，我則悍矣，彼何罪焉？夫大塊載我以形，勞我以生，佚我以老，息我以死。故善吾生者，乃所以善吾死也。今大冶鑄金。金踊躍曰：「我且必為鏌鎁！」大冶必以為不祥之金。今一犯人之形而曰：「人耳！人耳！」夫造化者必以為不祥之人。今一以天地為大鑪，以造化為大冶，惡乎往而不可哉！

　　能順化者，不但以死生為一條，以存亡為一體，而且以天地萬物為一氣之化。如是則能安時處順，哀樂不能入，解除人生之倒懸。然而，莊子並不止要我們順化，還要我們知化、乘化。人如何才能知化、乘化呢？這必須肯定人在成形的化跡之上，有一個不與物俱化的真宰或常心才可能。莊子在〈齊物論〉是肯定有一個真宰和真君的。他說「若有真宰，而特不得其朕，可行己信，而不見其形，有情而無形。」真宰不可以形跡求，這和〈大宗師〉所講的道一樣，是無為無形的，但卻有情有信。〈齊物論〉又說：

其有真君存焉？如求得其情與不得，無益損乎其真。一
受其成形，不亡（劉師培曰：不亡，田子方篇作不化）
以待盡。與物相刃相靡，其行盡如馳而莫之能止，不亦
悲乎？終身役役而不見其成功，苶然疲役而不知其所歸，
可不哀邪？人謂之不死，奚益？其形化，其心與之然，
可不謂大哀乎？人之生也，固若是芒乎？其我獨芒，而
人亦有不芒者乎？夫隨其成心而師之，誰獨且無師乎？
奚必知代（錢穆曰：知代即知化矣）而心自取者有之？
愚者與有焉。未成乎心而有是非，是今日適越而昔至也，
是以無有為有。無有為有，雖有神禹且不能知，吾獨且
奈何哉？

　　以上一段文字，所謂「一受其成形，不化以待盡」是指我
們的心，一受其成形以後，便陷溺於成形之中，不但不能順物
之化，乘化遊心，反而與物同腐的意思。所謂「其形化，其心
與之然」亦是指我們的心與形俱化，與形俱盡，不能超然物外，
乘物遊心的意思。因此，人一面應當以超然物外之真宰，順物
之化，乘化遊心；一面卻不應使真宰陷溺於成形之中，變為成
心，與形俱化，與形俱盡。人要能順物之化，乘化遊心，便要
肯定人有不陷溺於成形中之真君；人要能不與形俱化，不與形
俱盡，也要肯定人有不陷溺於成形中之真君。若人只有陷溺於
成形中的成心而無超拔於成形之上的真君，便只能與形俱盡，
而不能乘物遊心了。在這段文字中，莊子對人心陷溺於成形中，
與物相刃相靡，而不知所歸，曾再三致其感慨。他一則曰「不

亦悲乎」，再則曰「可不哀邪」，三則曰「可不謂大哀乎」。而對
於真君的存在，則以「如求得其情與不得，無益損乎其真」的
話予以明確的肯定。可見莊子思想，決然於成形的化跡之上，
或自然生命之上，肯定有一個自由無限的主體。這一個主體，
有時叫做真宰，有時叫做真君，有時叫做生主，有時叫做宗師。
總之是一個能超然物外，與化同遊，與天地精神相往來的自由
無限的主體。

　　〈養生主〉有「指窮於為薪，火傳也，不知其盡也」之言。
朱桂曜謂指為脂之誤或假。脂，膏也，可以為燃燒之薪。此言
脂膏有窮，而火之傳延無盡，以喻人之形體有死，而精神不滅。
故陳景元謂「主，真君也。」而王船山《莊子解・養生主》題解
亦云：

> 形，寓也，賓也；心知寓神以馳役也，皆吾生之有，而
> 非生之主也。以味與氣養其形，以學養其心知，皆不恤
> 其主之亡者也。其形在，其心使之然，神日疲役，以瀕
> 危而不知，謂之不死奚益。而養形之累顯而淺，養知之
> 累隱而深。與接構而以心鬬，則人事之患，陰陽之患，
> 欲遁之，而適以割折傷其刀。養生之主者，賓其賓，役
> 其役，薪盡而火不喪其明，善以其輕微之用，遊於善惡
> 之間而已矣。

　　可見船山於形軀與心知之外，肯定另有所謂生之主。而〈德
充符〉又云：

> 死生亦大矣，而不得與之變；雖天地覆墜，亦將不與之
> 遺；審乎無假而不與物遷，命物之化而守其宗也。

　　人的形軀與心知，可以說都是假於外物，託於同體的假我，
但人除了假我以外，尚有無假之宗主，此則死生不與之變，天
地覆墜不與之遺，人當守此宗主而不與物遷。不可其形化，其
心與之然。但又當順物之化，不可不化以待盡。這個宗主（自
由無限的主體），〈大宗師〉描述為一無古無今，不死不生的獨
體。這獨體必須能外天下、外物、外生，使心境如朝陽初啟，
豁然無滯，才會呈現出來。而所謂獨，王先謙謂為「見一而已」，
呂惠卿曰：「見獨者，彼是莫得其偶。」總之是指從形物之對待
中超拔出來的真宰、真君、生主或宗師而言。我們有了這自由
無限的主體，所以我們不但能不與物同腐，且能乘物遊心；不
與化俱盡，而能乘化遊心。因為遊必須具備兩個條件：一為物
化者，一為一不化者。若只有物化者而沒有一不化者，則一切
與形俱盡，與物同腐，固無所謂乘物遊心；反之，若只有一不
化者，而沒有物化者，則此一不化者，只能獨與神明居，以孤
明自守，亦無所謂乘物遊心。因此莊子一面要我們日與物化，
一面卻要我們不化。〈知北遊〉云：

> 仲尼曰：「古之人，外化而內不化；今之人，內化而外不
> 化。與物化者，一不化者也。」

〈則陽〉篇云：

> 冉相氏得其環中以隨成，與物無終無始，無幾無時。日

與物化者，一不化者也。

所謂「外化」與「與物化」，是指順物之化而言，所謂「內不化」與「一不化」，是指其宗主而言。宗主就是自由無限的主體，必然超拔於成形與化跡之上，而不陷溺於物之性分之中。因此，若只言物化，而不言一不化，決非莊子的理想境界。〈齊物論〉云：

> 莊周夢為胡蝶，栩栩然胡蝶也。自喻適志與，不知周也。俄然覺，則蘧蘧然周也。不知周之夢為胡蝶與？胡蝶之夢為周與？周與胡蝶則必有分矣。此之謂「物化」。

莊子這一段文字，目的在說明何謂物化。凡物各有畛域，各有性分。莊周，一物也；胡蝶，一物也。莊周與胡蝶，皆為天地一氣之化。而萬化未始有極，則追尋莊周之夢為胡蝶，抑胡蝶夢為莊周，在萬化無極，循環無端之中，便成為毫無意義的問題。然而，在成形與化跡上言，莊周不是胡蝶，胡蝶不是莊周，由莊周之一物，化而為胡蝶之一物，這便叫做物化。故「物化」只是一個客觀事實，天地萬物都是無時不移，無時不化的。藏舟於壑，藏山於澤，尚有有力者於夜半負之而走，其餘更不必說了。故〈天地〉篇云：「方且與物化而未始有恆。」〈刻意〉篇云：「其生也天行，其死也物化。」物化既然只是一客觀事實，則莊子決不以物化為理想。莊子的理想，是要我們「日與物化」，同時為「一不化者」。莊子指出「周與胡蝶，則必有分」，並不是要我們各足於其性，各安於其分，而是要我們

知分之無常，而本著「一不化者」之自由無限主體，與物遷移，與世俯仰，與化為人，而不陷溺於物之成形之中。

　　道家中，無論老子或莊子，都肯定在萬物之先，萬物之上，有一個道體的存在。這個道體，無封限，無畛域，不起對待，不生物解，因而也是不可道，不可名，言語道斷，心思路絕的。要形容這個道體，只能用無古無今，不死不生，無不將，無不迎，無不毀，無不成等話去說它。這雙遮二邊的話，只有遮詮，而沒有表詮，只是為道日損的道論，而不是為學日益的物論，因而無所謂是非。但當我們的心陷溺在成形之中，和自由無限的道體相隔絕，一切隨軀殼起念，便產生種種物解與對待，這時，便各是其是，而非人之所是，各非其非，而是人之所非。所以要齊物論，便要破成心。

　　成心怎樣才能破呢？既然成心就是陷溺於成形中的心，則破成心，便必須從成形中突破，重新與道冥合為一。要與道冥合為一，齊物論認為有兩條途徑可循：其一是知：道本無形，本無分別；其二是知：道通為一，不起分別。如是，則物論之是非，即可歸於泯滅。前者之工夫在知始，後者之工夫在知化。〈齊物論〉云：

> 古之人其知有所至矣。惡乎至？有以為未始有物者，至矣，盡矣，不可以加矣。其次以為有物矣，而未始有封也。其次以為有封焉，而未始有是非也。是非之彰也，道之所以虧也，道之所以虧，愛之所以成。

　　又曰：

有始也者，有未始有始也者，有未始有夫未始有始也者；
有有也者，有無也者，有未始有無也者，有未始有夫未
始有無也者。

又曰：

夫道未始有封，言未始有常，為是而有畛也。請言其畛：
有左有右，有倫有義，有分有辯，有競有爭，此之謂八
德。六合之外，聖人存而不論；六合之內，聖人論而不
議。春秋經世，先王之志，聖人議而不辯。故分也者，
有不分也；辯也者，有不辯也。曰：何也？聖人懷之，
眾人辯之以相示也。故曰：「辯也者，有不見也。」夫大
道不稱，大辯不言，大仁不仁，大廉不嗛，大勇不忮，
道昭而不道，言辯而不及，仁常而不成，廉清而不信，
勇忮而不成。五者圓而幾向方矣。故知止其所不知，至
矣。孰知不言之辯，不道之道？若有能知，此之謂天府。
注焉而不滿，酌焉而不竭，而不知其所由來，此之謂葆光。

莊子於此，肯定在「未始有是非」之前，有「未始有封」
的境界；在「未始有封」之前，有「未始有物」的境界，又肯
定在「始」之前，有「未始有始」，在「未始有始」之前，有「未
始有夫未始有始」。在「有」之前，有所謂「無」，在「無」之
前，有所謂「未始有無」，而在「未始有無」之前，又有所謂「未
始有夫未始有無」。其目的都是要肯定一個「始」，一個「無」。
道是無，物是有，道無封，物有畛。「道無終始，物有死生」（〈秋

水〉），人陷於「末有」的畛域之中，才有左有右，有倫有義，有分有辯，有競有爭。然而，有分便有不分，有辯便有不辯。故聖人存而不論，論而不議，議而不辯。一般人辯以相示，而不知「辯也者，有不見也」。聖人與道體合為一，不稱不言，懷之而不辯，這便使是非根本不起。這是從知道之「本無」，復歸無物來齊物論的一個途徑。

至於所謂以道通為一的途徑來齊物論，是於物論已起時，不由「自貴而相賤」之物觀觀物，而由「物無貴賤」之道觀觀物，（見〈秋水〉篇）以求達致彼是莫得其偶，是非休乎天鈞的境地。〈齊物論〉云：

> 物無非彼，物無非是。自彼則不見，自知則知之。故曰：彼出於是，是亦因彼，彼是方生之說也。雖然，方生方死，方死方生；方可方不可，方不可方可；因是因非，因非因是，是以聖人不由而照之于天，亦因是也。是亦彼也，彼亦是也。彼亦一是非，此亦一是非，果且有彼是乎哉？果且無彼是乎哉？彼是莫得其偶，謂之道樞，樞始得其環中，以應無窮。是亦一無窮，非亦一無窮。故曰：莫若以明。以指喻指之非指，不若以非指喻指之非指也。以馬喻馬之非馬也，不若以非馬喻馬之非馬也。天地一指也，萬物一馬也。可乎可，不可乎不可。道行之而成，物謂之而然。惡乎然？然於然。惡乎不然？不然於不然。物固有所然，物固有所可，無物不然，無物不可。故為是舉莛與楹，厲與西施，恢恑憰怪，道通為

一。其分也，成也；其成也，毀也。凡物無成與毀，復
　通為一。

　　一般人總喜歡根據以上一段文字，說莊子是個知識論上的
相對主義者。這實在是一個極大的錯誤。因為我們早已說過，
莊子認為「德蕩乎名，知出乎爭。名也者，相軋也；知也者，
爭之器也。二者凶器，非所以盡行也。」（〈人間世〉）因此他根
本便沒有興趣去討論知識的性質，知識的限度，和知識的標準
等問題。他所關心的，只是人沉溺於是非的分辯與競爭中的人
生問題，而且莊子在以上一段文字中，歷說一切物都是各師其
成心，各信其偏見，各是其是而非人之所是，各非其非而是人
之所非，所謂方生方死，方死方生，因是因非，因非因是，物
固有所然，物固有所可，無物不然，無物不可，雖然確有相對
論的意味，但這只是個客觀的事實，莊子並沒有主張我們應該
順從這個事實。相反地，他是要我們從這些彼我是非的對待中
解脫出來，不由物論而照之於天，不由物觀而道通為一。試問
這又怎能說莊子是個知識論上的相對主義者呢？其實，就莊子
要泯除一切相對的是非，達到「恢恑憰怪，道通為一」而言，
我們與其說他是個相對論者，毋寧說他是個絕對論者。
　　以上我們約略說明了莊子齊物論的是非的兩個途徑。以下
我們可以看看郭注〈齊物論〉，有沒有從這兩條途徑來泯是非。
如果沒有，則郭象所謂泯是非，又是什麼意思。
　　郭注〈齊物論〉，一開首便否定有所謂物外之天。在莊子的
思想中，天原是超越於一切個體物以上的理想境界。莊子不獨

沒有否定天，而且實以天為其思想的中心。故荀子評他「蔽于天而不知人」。他自己在〈德充符〉謂：「眇乎小哉，所以屬於人也；謷乎大哉，獨成其天。」〈大宗師〉亦云：「畸人者，畸於人而侔於天。故曰：天之小人，人之君子；人之君子，天之小人也。」而本篇更有所謂天籟、天鈞、天府、天倪，要我們不由是非之途而照之於天。可見莊子確於人、物等特殊個體之上，別有一「天」的境界。而郭象注〈齊物論〉「夫吹萬不同，而使其自己也」云：

> 夫天籟者，豈復別有一物哉，即眾竅比竹之屬，接乎有生之類，會而共成一天耳。無既無矣，則不能生有。有之未生，又不能為生。然則生生者誰哉，塊然而自生耳。自生耳，非我生也。我既不能生物，物亦不能生我，則我自然矣。自己而然，則謂之天然。天然耳，非為也，故以天言之。以天言之，所以明其自然也。夫天且不能自有，況能有物哉？故天也者，萬物之總名也。莫適為天，誰主役物乎？故物各自生而無所出焉，此天道也。

在傳統上，天為萬物之本源，今郭象認為「物各自生而無所出」，根本用不著肯定一作為萬物本源的天。因此他認為天只是萬物之總名，所謂天然，實不外物之自然。這樣，一個超越的天道便被否定了。

郭象在否定物以外另有所謂天的同時，又否認物以外另有所謂道。莊子在〈大宗師〉曾對道體作過淋漓盡致的形容。他說：

夫道有情有信，無為無形，可傳而不可受，可得而不可
見；自本自根，未有天地，自古以固存；神鬼神帝，生
天生地；在太極之先而不為高，在六極之下而不為深，
先天地生而不為久，長於上古而不為老。

　　道雖然是無為無形，不可受，不可見，但由於有情有信，
故依然是可傳可得。道不但能生天生地，而且能把鬼和帝都神
明起來。又由於道是自本自根，未有天地，自古以固存的，所
以它是超越時間空間的普遍者，所謂「在太極之先而不為高，
在六極之下而不為深」，乃言其遍在。所謂「先天地生而不為久，
長於上古而不為老」，乃言其永恆。因此，道本身就是個自由無
限的實體。據〈大宗師〉篇所言，聞道者必經歷以下七個境界：
其一為外天下。外天下者，必須能定乎內外之分，辨乎榮辱之
境，視棄天下如棄敝屣。其二為外物。物者，朝夕所需，切己
難忘，外物者，不獨能敝屣尊榮，且能不以物喜，不以物悲，
超然物外，物物而不物於物。其三為外生。君子固窮，淡泊明
志，固可置一切物質需求於度外，但仍不能置生死於度外；人
要從成形之化跡中超拔出來，依莊子之見，不但要外天下，外
物，還要外生。把我們這個生命都置諸度外，便能從個體中解
放出來，亦即所謂「帝之懸解」。當人能外生而從成形中解放出
來，我們的精神狀態便由現實生命中，回復到生之主，亦即由
人而再入於天。此時有如虛空粉碎，大地平沉，如朝陽之透徹
晶瑩，豁然無滯，這便到達了其四的朝徹的境界。跟住第五個
境界便是見獨，第六個境界便是無古今，第七個境界便是不死

不生。所謂見獨，決不是如郭注「當所遇而安之」的意思，而
必須喪偶才能見獨。如郭象所言，只是見偶而不是見獨。因為
他仍然落在所遇的對偶中，仍未能打破成形的框框，達到彼是
莫得其偶的絕對境界。因此，莊子所謂見獨，其實已是見道了。
所謂無古無今，不死不生，只是對永恆而普遍、自由而無限的
道體的形容而已。

　　莊子對於這樣一個有情有信的道，明明說「狶韋氏得之，
以挈天地；伏羲氏得之，以襲氣母；維斗得之，終古不忒，日
月得之，終古不息；堪坏得之，以襲崑崙；馮夷得之，以遊大
川；肩吾得之，以處太山；黃帝得之，以登雲天；顓頊得之，
以處玄宮；禺強得之，立乎北極；西王母得之，坐乎少廣，莫
知其始，莫知其終；彭祖得之，上及有虞，下及五伯；傅說得
之，以相武丁，奄有天下，乘東維，騎箕尾，而比於列星。」而
郭象則注云：

> 道無能也。此言得之於道，乃所以明其自得耳。自得耳，
> 道不能使之得也。我之未得，又不能為得也。然則凡得
> 之者，外不資於道，內不由於己，掘然自得而獨化也。

　　莊子謂道能生天生地，神鬼神帝，而郭象則謂「道無能也」，
不特謂道無能，且亦無所謂道。故以得之於道為「自得」、「獨
化」。

　　郭象既否認超越的天與道，因而也不能肯定一個「未始有
物」的境界。他注「未始有物」云：「此忘天地，遺萬物。」注
「未始有夫未始有始」云：「夫一之者，未若不一而自齊，斯又

忘其一也。」注「未始有夫未始有無」云：「此都忘其知也。」郭
象從「忘天地」、「忘其一」、「忘其知」來解釋「未始有物」、「未
始有夫未始有始」、「未始有夫未始有無」。又將〈大宗師〉「不
忘其所始」解釋為「始終變化皆忘之。」可見他根本否認有一個
「自古固存」的本始本無的道，而只有一個「自古固存」的物。
因此他注〈天地〉篇「泰初有無，無有無名，一之所起，有一
而未形」云：「夫一之所起，起於至一，非起於無也。」又注〈知
北遊〉「無古無今，無始無終」云：「非唯無不得化而為有也，
有亦不得化而為無矣。是以夫有之為物，雖千變萬化而不得一
為無也。不得一為無，故自古無未有之時而常存也。」明明是無，
他卻說是有，湯用彤先生在《魏晉玄學論稿》中謂郭象是崇有
論者，這實在是很對的。

郭象既然是個崇有論者，在否認了物外之道，物外之天以
後，不能有道本無形，本無分別的境界。照理，郭象要齊物論
之是非，便只有通過道通為一，不起分別的一途了。

然而，郭象注莊，並不是要從物之各是其是，各非其非中，
悟出是非紛紜，永無窮極，徒然勞神苦思，傷生害性，因而不
由自貴而相賤，自是而相非的物觀，而由物無貴賤，物無是非
的道觀。卻反而要我們各師其成心，各信其偏見，並以此為齊
物論的極致。他注「欲是其所非而非其所是，則莫若以明。」云：

> 夫有是有非者，儒墨之所是也。無是無非者，儒墨之所
> 非也。今欲是儒墨之所非，而非儒墨之所是者，乃欲明
> 無是無非也。欲明無是無非，則莫若還以儒墨反覆相明。

反覆相明，則所是者非是，而所非者非非矣。非非則無
非，非是則無是。

老子云：「知常曰明」。道家中的「明」字，與芒昧相對，
指見道而言。莊子於上文云：「道隱於小成，言隱於榮華。故有
儒墨之是非，以是其所非而非其所是。」可見莊子認為儒墨俱為
芒昧不明。今郭象把「以明」解作「以儒墨反覆相明」，這便無
異以不明為明。因為儒墨各是其是而非人之所是，各非其非而
是人之所非，則無論為儒為墨，均隱於小成，蔽於榮華，師其
成心，信其偏見，其反覆自是而相非，依然是陷溺於芒昧之中，
如何可說「反覆相明」？《莊子》原文「欲是其所非而非其所是」
之「其」字，照理應依上文「故有儒墨之是非，以是其所非而
非其所是」之「其」字作同一解釋，即單指儒家或墨家而言。
意即謂與其儒家欲是墨家之所非而非墨家之所是；或墨家欲是
儒家之所非而非儒家之所是，則莫若不由成心偏見而照之於天，
使彼是莫得其偶，是非休乎天鈞，這便叫做「以明」。可見「以
明」與「欲是其所非而非其所是」，是互相對立的兩面，莊子於
此，是有所去取的。他要我們去「是其所非而非其所是」之成
心與偏見，而取彼是莫得其偶，是非休乎天鈞的「以明」，所以
才說「欲是其所非而非其所是，則莫若以明。」今郭象把對立的
兩端，解釋為相順的一事，以各師其成心，各信其偏見，各是
其所非而非其所是為明，使人實在無從索解。

又郭象解「是其所非而非其所是」的「其」字，不單指儒
家或墨家，而兼指儒家與墨家而言。他認為儒墨都是肯定有是

有非，否定無是無非的，「今欲是儒墨之所非而非儒墨之所是，乃欲明無是無非也。」欲明無是無非，則莫若以儒墨之各是其是，各非其非，反覆相明。反覆相明「則所是者非是，而所非者非非矣。非非則無非，非是則無是。」如是，則有是有非與無是無非即玄同為一。故郭象注〈齊物論〉「物無非彼，物無非是」云：

> 物皆自是，故無非是；物皆相彼，故無非彼。無非彼，則天下無是矣；無非是，則天下無彼矣。無彼無是，所以玄同也。

　　郭象注《莊》，有許多似是而非之論，但由於他文字善巧，往往飾人之心，易人之意於不知不覺之間。以上注文，便是一例。他由物皆自是而相非，推論到天下無是無非，彷彿已達致莊子齊物論的理想，實則郭象是在偷天換日，轉移了莊子的論點。莊子非不知物皆自是而相非，莊子亦非不知在物皆自是而相非的同時，是非紛紜，樊然殽亂，不可能有公是公非。莊子雖無興趣積極地追求建立公是公非的標準，但亦決不以無公是公非的事實為無是無非的理想。莊子齊物論之理想，固然是要泯除是非，但只是指出無公是公非，並不等於無是無非。因為無公是公非只就客觀上講，而莊子的無是無非是要從主體上講的。只有在主體上真能達到無是無非的境地，人才能從是非的陷溺中超拔出來，免於勞神苦思、傷生害性的負累。若如郭象所言，只從客觀上無公是公非來講無是無非，而在主體上，依然任其各是其是，各非其非，則必不免使人其寐也魂交，其覺也形開，其發若機括，其留如詛盟，其殺如秋冬，其厭也如緘，

卒使近死之心，莫使復陽，這又那裡是莊子所以要齊物論的理想呢？郭象注「萬物一馬也」云：

> 夫自是而非彼，彼我之常情也。故以我指喻彼指，則彼指於我指獨為非指矣。此以指喻指之非指也。若復以彼指還喻我指，則我指於彼指復為非指矣。此以非指喻指之非指也。將明無是無非，莫若反覆相喻。反覆相喻，則彼之與我，既同於自是，又均於相非。均於相非，則天下無是，同於自是，則天下無非。何以明其然耶？是若果是，則天下不得復有非之者也；非若果非，則亦不得復有是之者也。今是非無主，紛然殽亂，明此區區者，各信其偏見，而同於一致耳。仰觀俯察，莫不皆然，是以至人知天地一指也，萬物一馬也，故浩然大寧，而天地萬物各當其分，同於自得，而無是無非也。

以上注文，其中彌近理而大亂真者，往往掩人耳目，讀者不察，受其影響，使漆園之旨，萬世之後，亦難遇解人。指馬之喻，後世多以公孫龍之說解之，反多穿鑿，郭象以反覆相喻作解，本甚明暢，這是郭注可取的地方。但他以反覆相喻來達到無是無非的說法，便把莊子齊物論的旨意完全乖曲、完全俗化了。正如前文所述，莊子這段文字，並非要我們順從是亦彼也，彼亦是也，物無非彼，物無非是，彼出於是，是亦因彼，彼亦一是非，此亦一是非的客觀事實；更不是要我們以我指喻彼指之非指，以我馬喻彼馬之非馬；而是在描述這些物論與成見之相對相銷後，要我們在彼我是非的對待中解脫出來，不由

成心而照之於天，不由自貴而相賤的物觀，而由物無貴賤之道觀，於是恢恑憰怪，道通為一，使人不起分別，一切物論便泯滅了。而郭注則不然。他不但認為「自是而非彼」乃「彼我之常情」，而且認為在同於自是，均於相非的反覆相喻中，便可達致無是無非的境地。物各師其成心，各信其偏見，在客觀上必然導致是非無主，紛然殽亂的結果，而郭象即就客觀上是非無主，紛然殽亂說無是無非，又即就萬物各師其成心，各信其偏見說同於一致。這實在是以有是有非為無是無非，以不一致為一致。如此解《莊》，實在是荒謬到使人震驚的地步，然而成玄英卻推為深得莊子意，後人習非成是，使郭象注文，漸成權威。若不及早辨正，他日鐵案如山，便無從平反了。

　　郭象的思理究竟是怎樣的呢？他認為自是而非彼，是彼我之常情，天下之物，莫不各信其偏見，如果把這些話看作對現實人生的經驗的描述，莊子是可以承認的。不過莊子認為這些常情和偏見使人終身役役而不見其成功，薾然疲役而不知所歸，是人生最可哀的事，因此是應該加以超越的。而郭象卻以這些常情和偏見為浩然大寧，同於自得，不但不可以超越，而且也是不應加以超越的。郭注「如求得其情與不得，無益損乎其真」云：

　　　凡得真性，用其自為者，雖復皁隸，猶不顧毀譽而自安其業，故知與不知，皆自若也。若乃開希幸之路，以下冒上，物喪其真，人忘其本，則毀譽之間，俯仰失錯也。

　　又注「一受其成形，不亡以待盡」云：

> 言物各有分，故知者守知以待終，而愚者抱愚以至死，
> 豈有能中易其性者也。

郭象認為物各有分，當各安其業，不但不能中易其性，且
亦不應有希幸之想、企慕之心。故愚者當抱愚以至死，皁隸當
不顧毀譽而自安，這才不喪其真，不失其本。若稍存希幸，便
失其本真。可見郭象不但不以囿於成形，陷於一物為可悲，卻
反以此為可樂了。他注「不亦悲乎」下云：

> 群品云云，逆順相交，各信其偏見，而恣其所行，莫能
> 自反，此比眾人之所悲者，亦可悲矣，而眾人未嘗以此
> 為悲者，性然故也。物各性然，又何物足悲哉？

群品云云，皆各信其偏見，莫能自反，郭象認為眾人未嘗
以此為悲的原因，乃因物各信其偏見，就是物各性然；物各性
然，即同於自得。所以他一則說：

> 凡此上事，皆不知所以然而然，故曰芒也。今夫知者皆
> 不知所以知而自知矣，生者不知所以生而自生矣，萬物
> 雖異，至於生不由知，則未有不同者也，故天下莫不芒
> 也。（注「而人亦有不芒者乎」下）

再則曰：

> 夫心之所以制一身之用者，謂之成心，人自師其成心，
> 則人各自有師矣，人各自有師，故付之而自當。（注「誰
> 獨且無師乎」下）

　　郭象認為萬物雖異，皆各以其成心制一身之用，不知所以然而然；聖人對於人各師其成心，物各信其偏見，亦無法可想，只有付之自若而兩順之。故曰：

　　是非者，群品之所不能無，故至人兩順之。（注「是今日適越而昔至也」下）

又云：

　　理無是非，而惑者以為有，此以無有為有也。惑心已成，雖聖人不能解，故付之自若而不強知也。（注「吾獨且奈何哉」下）

　　莊子著書，目的在除人生之大惑，解天下之倒懸，對人各師其成心，各信其偏見；芒昧無知，終身疲困，一再致其「不亦悲乎」，「可不哀邪」的感嘆，郭象非不知各是其是，各非其非等是非之見為理之所無，但卻認為「惑心已成，雖聖人亦不能解」，只好付之自若而兩順之。如是一切現實的存在，都成為不知其然而然的性然。而物各性然，就是自然，就是天然，也就是道。因此他認為激者、謞者、叱者、吸者、叫者、譹者、宎者、咬者等眾聲，雖萬唱不齊，宮商各異，但由於各當其分，稱其所受，故舉是天籟。郭象不獨不以為惡，反以為得。同理，對陷溺於是非中的種種心理現象，莊子認為可悲可哀的，郭象卻解釋為「此蓋知之不同；此蓋言語之異；此蓋寤寐之異；此蓋交接之異；此蓋恐悸之異；此蓋動止之異；此蓋性情之異；此蓋事變之異。」而總結之曰：「以上略舉天籟之無方。」郭象把

陷溺於是非之中，使人老洫衰殺、莫使復陽的諸心理現象，解釋為天籟之無方，不獨不以此為可悲可哀，反而以此為可喜可樂。故注「薾然疲役而不知所歸，可不哀邪」云：

> 凡物各以所好役其形骸，至於疲困，薾然不知所以好此之歸趣云何也。

又注「其形化，其心與之然，可不謂大哀乎」云：

> 言其心形並馳，困而不反，比于凡人所哀，則此真哀之大也，然凡人未嘗以此為哀，則凡所哀者，不足哀也。

郭象以心形並馳、困而不反為不足哀，以役其形骸，至於疲困為物之所好，明明與莊子原意大相逕庭，何以後人仍在不知不覺間循著郭象的思路解《莊》呢？

郭象解《莊》，自〈逍遙遊〉開始，即有一明顯的觀念──以性分之適為逍遙之極致，以各安所遇為遊於無窮。因而亦以成心為真宰，以各信其偏見為無是無非。實則莊子的逍遙遊，不是求足於性分，而是要遊於無窮。而所謂無窮，指未始有極之萬化而言，所謂遊於無窮，是指以作為「一不化者」的自由無限的主體，乘未始有極的萬化而遊的意思。一物之性分，都只是萬化中之一遇，故各足於其性，各當於其分，只是遊於萬化中之一遇而已，無所謂遊於無窮。故郭象圍於成形與化跡，把莊子與化為體，乘化遊心的理想，曲解為只安於化中一物之性分之適，無論如何，亦不是漆園本旨。

郭象所謂性分，可不可以理解為與天道天命相貫通呢？孟

子是認為性命是與天道相貫通的。但與天道相貫通的性，就義理而言就是天，故無大小可言。但郭象言性分，乃就形體言，性同於物，故往往言「物各有性，性各有極」（注〈逍遙遊〉「小年不及大年」下）「小大之殊，各有定分」。（注〈逍遙遊〉「眾人匹之，不亦悲夫」下）他以「當所遇而安之」解〈大宗師〉之「見獨」，可見他所謂性分與獨體，完全落在化跡上說，決不指超越於成形與化跡之上之真宰、靈府、常心、生主而言。故注〈齊物論〉「天下莫大於秋豪之末，而泰山為小；莫壽乎殤子，而彭祖為夭。天地與我並生，萬物與我為一」云：

> 夫以形相對，則大山大于秋豪也。若各據其性分，物冥其極，則形大未有為餘，形小不為不足。苟各足於其性，則秋豪不獨小其小，而大山不獨大其大矣。若以性足為大，則天下之足，未有過於秋豪也。若性足者非大，則雖大山亦可稱小矣。故曰天下莫大於秋豪之末，而大山為小。大山為小，則天下無大矣，秋豪為大，則天下無小也。無小無大，無壽無夭，是以蟪蛄不羨大椿而欣然自得，斥鴳不貴天池而榮願以足。苟足於天然，而安其性命，故雖天地未足為壽，而與我並生，萬物未足為異，而與我同得，則天地之生，又何不並？萬物之得，又何不一哉？

秋豪、泰山、殤子、彭祖，都是成形與化跡，在這些成形與化跡之上，莊子是肯定一個順物之化的一不化者的。只有這一不化之真宰、靈府、常心、宗主，才能超然物外，乘物遊心，

如薪盡火傳，不與形俱盡。所謂「天下莫大於秋豪之末，而大
山為小；莫壽乎殤子，而彭祖為夭」，都是從超越於化跡以上的
一不化者說的。故莊子決不以「各據其性分、物冥其極」為逍
遙之極致。且物冥其極，各足其性的性分之適，只限於一物之
性分，決不可能有「天地與我並生，萬物與我為一」的境界。
而郭象卻以各足其性，各冥其極為逍遙之極致，以性然與自然
的觀點玄同一切差別，使莊子的理想境界，完全與現實混而為
一，這實在不是莊子的本旨。郭象從性然、自然的觀點來玄同
一切差別的話，單在〈齊物論〉，便俯拾即是。他在「心固可使
如死灰乎」下注云：

　　動止之容，吾所不能一也。其於無心而自得，吾所不能
　　二也。

在「女聞地籟而未聞天籟夫」下注云：

　　聲雖萬殊，而所稟之度一也。

在「飄風則大和」下注云：

　　夫聲之宮商，雖千變萬化，唱和大小，莫不稱其所受，
　　而各當其分。

在「而獨不見之調調之刁刁乎」下注云：

　　動雖不同，其得齊一耳。

在「蒸成菌」下注云：

物各自然，不知所以然而然，則形雖彌異，自然彌同也。

在「而人亦有不芒者乎」下注云：

萬物雖異，至於生不由知，則未有不同者也。

在「因非因是」下注云：

儒墨之辯，吾所不能同也，至於各冥其分，吾所不能異也。

在「道通為一」下注云：

雖萬殊而性同得，故曰道通為一也。

郭象認為萬物之動止聲音形貌等萬變不齊，都是生不由知，不知所以然而然，因而都是各冥其分，各稱其性，而同於自得。故謂「若以性足為大，則天下之足，未有過於秋豪也。若性足者非大，則雖大山亦可稱小。」是則郭象所謂與天地並生，與萬物為一者，只是各足於其性分而已。朝菌有朝菌的性分，大椿有大椿的性分，堯舜有堯舜的性分，桀跖有桀跖的性分，知效一官者有知效一官者之性分，遊於無窮者有遊於無窮者之性分，至人有至人之性分，凡人有凡人之性分。按郭象認為人的一切行事都是不知其然而然的，知者守知以待終，愚者抱愚以至死，皆是性然，雖復皁隸，猶當不顧毀譽而自安其業，不得有企慕之心，希幸之想，則一切修道的行為，都成了導致「物喪其真，人忘其本」的妄作，如是一切現成，凡存在都是合理的，試問

這又那裡是莊子的本意呢？莊子明明說「小知不及大知，小年不及大年」。不過，人若陷溺於成形與化跡之中，大知、大年，亦有時而盡，不能遊於無窮，故必須由小大之辯推進一步，突破成形與化跡的拘限，才能以其一不化者的宗主，與化為人，乘物遊心，而達致無窮無待的境界。故有小大之辯，實亦為修行次第必經之階位。正如天台宗五時中之方等時，彈偏斥小，嘆大褒圓為不可廢。今郭象不獨否定有所謂小大之辯，且以各足其性，各冥其極，玄同有待與無待、有限與無限之別，而謂「有待無待，吾所不能齊也，至於各安其性，天機自張，受而不知，則吾所不能殊也。夫無待猶不足以殊有待，況有待者之巨細乎？」（注〈逍遙遊〉「彼且乎待哉」下）這又那裡是莊子的本意呢？

　　在郭象的時代，印度的般若學已大盛於中國，般若經典常有真俗圓融，即色即空的話。但所謂真俗圓融，並不是說真等於俗。如果真等於俗，則一切現成，佛家也用不著歷劫修行了。實則佛家所謂真俗圓融只是對緣生法說的。如果我們對緣生法，心不染著，便得真諦。若對緣生法，心生染著，以至住色、聲、香、味、觸、法生心，便得俗諦。至於說「即色即空」，雖然與說真俗圓融稍有差別，因為色即是空，非色滅空，色的本性就是空，所以似乎沒有理想與現實的差距。但佛經說「即色即空」，並非只取色的空性而言，如果只取色的空性言，便等於說「即空即空」，這就沒有什麼意義。色的本性雖然是空，但人卻往往住色生心，而起執著，這樣，「色」就不是「空」了。我們要由色悟空，仍須經歷修行的次第。因此，說「即色即空」，依然不

是說「色等於空」。此時，「色」只是一個中性的緣生法，對修道者而言，說他真也可，俗也可；色也可，空也可；有也可，無也可。正如在邏輯上我們可以說 X 是 A，同時也可以說 X 是非 A，這也可以說 A 與非 A 圓融為一，但卻不可以說 A 就是非A。如果我們說真俗圓融就是真等於俗，說即色即空就是色等於空，這不但不合佛經原意，而且也違反了邏輯規則。佛經為了當機說法，橫說豎說，儘可以有許多權變，但不能理解為可以違反邏輯規則。佛家說佛即凡夫，凡夫即佛，並不是說佛等於凡夫，凡夫等於佛；只是說佛與凡夫，都本於同一性體而已。性體雖同，但由於彼此信解行證不同，到底聖凡異路，故要超凡入聖，必須有修養的工夫，這是一切教所以立的共同軌範。然而郭象以獨化為天然，以成心為真宰，以有是有非為無是無非，以性分之適為遊於無窮，是不是也可以用佛家的圓融來為他解說呢？

　　我們以上已經說明佛家所謂真俗圓融，依然有真和俗的分別，理想與現實的分別。郭象有沒有這種分別呢？郭象認為物各性然，生不由知；物各自然，不知其然而然，這便把理想與現實混而為一。另一方面，郭象認為有「物喪其真，人忘其本」的時候，則人的現實，並非都能得其本真。如是人便有得其本真，與失其本真之別，亦即有理想與現實的分別。但郭象所謂本真，依然指物之自生獨化，自然自爾而言。郭象在否認了超越的天道以後，一切都是「物各自然，無使物然」的，因而也是各冥其極，各足其性。既然聲雖萬殊，皆稱其所受；儒墨之辨，亦各冥其分，皆無心而自得；如是則以放任自然為工夫，

以天下皆芒為理想，這又怎會喪其真，忘其本呢？故郭象只是混同理想與現實，與佛家真俗圓融之說，仍有毫釐千里之辨。

郭象就物之各是其是，各非其非說無是無非，明顯地違犯了形式邏輯中的矛盾律。因為既然各是其是，各非其非，便是有是有非。既然有是有非，卻把它說成無是無非，這不是違犯了矛盾律嗎？但我們所以接受郭象的話，並不是由於他說話的矛盾，而是由於郭象把「無是無非」一語的意義轉移了。郭象所謂無是無非，都不是從我們主體上說無是無非。只是從（一）客體上無公是公非；或（二）主體上縱有是非，卻由於此等是非皆生不由知，故無是非的累害而言。因此郭象根本便不是要泯除是非，是非無論在主體上或客體上言都是有的，只是在客體上無公是公非，及在主體上縱有是非，亦可同於自得，如此而已。實則在主體上既有是非之見，便有人己之別、物我之分，永遠陷溺於成心與偏見之中，蒙受著人道之患與陰陽之患的累害。無論郭象如何巧言便詞，只要我們稍加深思，則他以有是有非為無是無非的謬妄，還是昭然若揭的。

最後，我們引述郭注〈齊物論〉題解的幾句話，以結束本文。他說：

> 夫自是而非彼，美己而惡人，物莫不皆然然。故是非雖異而彼我均也。

物皆自是而非彼，美己而惡人，郭象認為雖聖人亦不能解，故但當付之自若而兩順之。又物既皆自是而非彼，美己而惡人，則其是非美惡雖不同，而其有是非美惡則同。同則無別，故曰

「是非雖異而彼我均也。」又物之自是而非彼，美己而惡人，皆
生不由知，不知其然而然，故即同於自得，而達到自然的極致
了。這就是郭象注〈齊物論〉的大意。

　　總上所述，可見郭象的注文，「以華辭自飾，所得實少。」
（熊十力《讀經二十要・卷一》）他以委諸自然為已足，以付諸
性然為已當，一切現成，一體平鋪，把莊子講求真修實悟的聖
教，蛻化為一種既無理想，又無工夫的玄談。而「《莊子》內七
篇，都知有一番細密工夫，又求能達到一種理想境界，並非純
任自然，何嘗如郭象心中所想，一切付之自然而即當。」（錢穆
《中國思想史・廿三節》）為此，本文乃不厭覼縷，反覆辨正。
幸讀者教之。

商鞅的強國之術

　　中國文化以儒、道、墨、法為顯學，儒家雖居主流的地位，但道、墨、法諸家依然起著很大的作用。大抵道、墨兩家的影響是社會性的，而法家的影響是政治性的。因此，在政治思想上，儒家和法家常起衝突，所謂儒法鬥爭，在歷史上是真實存在的。但這種鬥爭，不必是沒落奴隸主階級思想與新興地主階級思想的鬥爭，而可以是民本思想，與君主專制思想之間的鬥爭。

　　法家思想，在暴秦二世而亡以後，在中國歷史上早有定評。司馬遷和劉向的評論，可為代表。司馬遷《史記‧商君列傳》云：

> 商君，其天資刻薄人也。跡其欲干孝公以帝王術，挾持浮說，非其質矣。且所因由嬖臣，及得用，刑公子虔，欺魏將卬，不師趙良之言，亦足發明商君少恩矣。余嘗讀商君〈開塞〉、〈耕戰〉書，與其人行事相類，卒受惡名於秦，有以也夫！

劉向《新序‧善謀》篇云：

孝公違龍、摯之善謀，遂從衛鞅之過言。法嚴而酷，刑深而必。守之以公，當時取彊，遂封鞅為商君。及孝公死，國人怨商君，至於車裂之，其患漸流至始皇，赤衣塞路，群盜滿山，卒以亂亡，削刻無恩之所致也。

司馬遷說商鞅受惡名於秦是罪有應得，劉向說秦二世而亡是由於孝公遂從了商鞅的過言，而他兩人都批評商鞅刻薄寡恩。商鞅的思想，使秦當時取彊，而卒以亂亡，還不是刻薄寡恩四個字所能概括得了的，但司馬遷與劉向的評論，不失為傳統上對法家的定評。

然而由於商韓之書言人所不敢言，道人所不屑道，措詞明快，筆鋒銳利，切合時君世主的私心，能收富國強兵之近效，故其思想對歷代帝王及在政治上求急功近效的人，都有很大的吸引力，尤其自清季甲午、庚子以後，由於屢受列強欺凌，國人求富強心切，朝野競言變法；更由於受西方法治思想影響，亟欲推行法治，故對法家政治思想之評價，一反傳統的態度，大作翻案文章，為法家鳴不平。如章太炎在其《訄書・商鞅》篇云：

> 商鞅之中於讒誹也二千年，而今世為尤甚。其說以為自漢以降，抑奪民權，使人君縱恣者，皆商鞅法家之說為之倡。烏虖，是惑於淫說也甚矣。法者，制度之大名，周之六官，官別其守而陳其典，以擾乂天下，是之謂法。故法家者流，則猶通俗所謂政治家也。非膠於刑律而已。

朱師轍《商君書解詁定本》初印本自序又云：

> 商君以法家而兼兵農，其治國嚴刑法，重墾耕，尚戰伐，
> 秦國富強，六世而併諸侯，皆商君之教也。……兩漢以
> 降，人主假崇儒之名，行專制之實。治理固遵法度，誅
> 賞率由好惡，蕩決藩籬，弁髦憲典矣。而鞅之言曰：「有
> 道之國，治不聽君，民不從官。」蓋其立法之旨，實君民
> 同立於軌物，上下胥以法律為衡，非獨官吏弗能行其私，
> 人主亦弗得肆其志。是以專恣桀君，驕奢胄胄，豐祿貴
> 卿，貪殘蠹吏，莫不疾法律如寇讎，而痛詆鞅學。才知
> 之士，思為世用，遂亦莫敢昌言其學。其學之不顯，此
> 又一因也。然則有國家則不能無法治，故言治者莫能廢
> 其學。竊其實，遺其名，《商君書》流傳至今不廢者以此，
> 終莫肯為之注者亦以此，悲夫！方今華夏共和，蕩滌積
> 穢，崇尚法治，遠則西歐，而不知商君已倡於二千年前，
> 數典忘祖，得無僨乎！

據章、朱二氏之意，法指一切制度而言，法家即政治家，
中國歷史上的帝王專制，不但不是由於法家使人君恣縱的結果，
而且恰恰相反，是由於沒有奉行法家的主張。他們為法家蒙受
了二千年的讒誹，大抱不平，認為法家的法治，即西歐的民主
法治，故中國要推行法治，不必遠則西歐，數典忘祖，只要奉
行法家主張便可。可見近人的見解，與傳統的觀點相差極遠。
究竟法家的政治思想，是否能把中華民族引領到民主法治的道
路上，這是一個性命交關的問題，應該容許更多的人從不同的

角度作認真的探討，誰也不應對這一問題作出專橫跋扈的結論。本此微意，故有本篇之作。

　　《商君》二十九篇，《漢書・藝文志》列為法家，諸葛亮集始稱《商君書》，至於稱為《商子》，則自《新唐書・藝文志》始。《商君》書目，鄭樵《通志》及晁公武《讀書記》俱云亡去三篇，得二十六篇，而現時所傳本，其中有目無書者二篇，實得二十四篇，又與宋本不同。

　　至於《商君書》之真偽考，歷來學者意見不一。孫星衍《廉石居藏書記・商子跋》，謂《商書》為商君手定。其言曰：

　　　　諸子書由後人追輯，惟《墨子》、《商子》由其手定。其
　　　　反復詳明，真三代以前古書，並非偽作。

　　惟《文獻通考》引周氏涉筆云：

　　　　《鞅書》多附會後事，非本所論著。

　　《四庫全書總目提要》亦謂：

　　　　今考《史記》稱秦孝公卒，太子立，公子虔之徒告鞅欲
　　　　反，惠王乃車裂鞅以徇。則孝公卒後，鞅即逃死不暇，
　　　　安得著書？如為平日所著，則必在孝公之世，又安得開
　　　　卷第一篇即稱孝公之謚？

　　近人郭沫若在其《十批判書・前期法家的批判》一文中亦云：

現存《商君書》，除〈境內〉篇殆係當時功令，然亦殘奪不全者外，其餘均非商鞅作。其作偽之最顯著者，當推〈徠民〉與〈弱民〉二篇。前者言及長平之勝，乃秦昭王四十七年白起破趙長平，阬降卒四十萬人之事，在商君死後八十二年。後者不僅語襲《荀子‧議兵篇》，而言「秦師至，鄢郢舉，……唐蔑死於垂沙」，乃楚懷王二十八年，秦昭王六年時事，也不是商君所能見到的。

因此，《四庫全書總目提要》認為《商書》「殆法家者流，掇鞅餘論以成編。」《四庫全書簡明目錄》謂《商書》「不出鞅手良信，然其詞峻厲而深刻，雖非鞅作，亦必其徒述說之，非秦以後人所為也。」這樣的說法究竟對不對呢？《商書》不是秦以後人所為，這是沒有問題的。因為它在戰國時代已有傳本。韓非曾說「今境內之民皆言治，藏商、管之法者家有之」，又引過商鞅的話，可為明證。至於因為《商書》多附會後事，而說商鞅未曾著書，便值得商榷。高亨在〈商君書作者考〉一文中，即謂「商鞅相秦前後幾十年間，儘有著書的時間和條件。他不僅著有政書，而且著有兵書。」因此認為說商書「全是商鞅所作或全非商鞅所作，都未免流於片面。……《商君書》是商鞅遺著與其他法家遺著的合編。」這可說是比較合情合理的論斷。

我們現時不必逐篇逐事去考證其成於何時，出於何人，《商君書》既然在戰國時已有傳本，即就其對後世之影響而言，也可視《商書》各篇為一整體而加以探討。因此，我們對各篇之作者問題，便不再加以考證了。

　　商鞅是李悝的學生，年輩略後於吳起，他雖然是在儒家氣息十分濃厚的空氣中培養出來的人物；但他的思想，無疑是從儒家中歧出，走上了反儒家的路。根據《史記・商君列傳》，謂商鞅入秦，先說孝公以帝道，孝公睡而弗聽，再說以王道，亦不合孝公心意，繼說以霸道，才有用商鞅之意，卒以強國之術取悅孝公，孝公與語數日，不自知膝之前於席，遂得重用，屬行變法。

　　根據以上的記載，商鞅似乎不但懂得強國之術，而且也懂得霸道、王道及帝道。

　　什麼叫做帝道、王道、霸道與強國之術呢?《荀子・王制篇》曰:「王奪之人，霸奪之與，彊奪之地。」〈富國篇〉又云:「義立而王，信立而霸，權謀立而亡。」意即只有樹立道義，爭取到別國的人民，才能達到王者的境地。只有樹立威信，爭取得別國的盟邦，才能達到霸者的境地。若只運用權謀，掠奪到別國的土地，便只能達到彊者的境地。商鞅與荀子所謂王道、霸道與強國之術，大約相差不遠。至於所謂帝道，則或指孟子所謂堯舜的禪讓政治而言，或指莊子所謂容成氏、大庭氏、伯皇氏、中央氏、栗陸氏、驪畜氏、軒轅氏、赫胥氏、尊盧氏、祝融氏、伏羲氏、神農氏等恬淡無為之治而言。

　　商鞅於強國之術以外，究竟懂不懂得帝道、王道與霸道呢，我們實在無從確知。司馬遷說「跡其欲干孝公以帝王術，挾持浮說，非其質矣」，則是說商鞅所謂帝王之道，都是些浮說，不是他本質的主張。因為如果帝王之道，是商鞅的政治思想，則商鞅為了忠於他的理想，決不肯枉道求容，降格求售，他應當

像孔、孟一樣，用之則行，舍之則藏，以保持其理想的尊嚴，為後世法。今商鞅卻不惜枉道事君，遷就現實，為了投合秦孝公欲及身顯名天下的私心，便輕輕地放棄了帝王之道的理想，可見商鞅對帝王之道是沒有忠誠的。他從來就沒有把帝王之道作為政治的至高理想，他並不能把帝王之道置於個人的窮達榮枯之上，而只是拿來作為討價還價的憑藉。則司馬遷說他「挾持浮說，非其質矣」，實在是非常中肯的。

既然商鞅所謂帝王之道，只是一些浮說，不是他的本質，然則作為商鞅本質的強國之術是怎樣的呢？以下我們便要加以探討。

《商君書》第一篇是〈更法〉。秦孝公為了要及身顯名天下，不能邑邑待數十百年以成帝王，提出「今吾欲變法以治，更禮以教百姓」的主張，但又恐天下非議，於是下其議於公孫鞅、甘龍、杜摯三大夫，由是而引起一場論戰。

秦的祖先，是帝顓頊的苗裔，帝舜時賜姓嬴氏。自平王封襄公為諸侯，賜以岐西之地，於是始建國。及秦穆公用由余謀，伐戎王，益國十二，開地千里，遂霸西戎，〈國風〉中之〈秦風〉，多係襄公時代的詩，《書經》中的〈秦誓〉，則為秦穆公誓師之詞，因此，秦雖僻處西疆，與中原文化早有淵源，非戎狄可比。秦之舊禮故法，與東方諸侯原不相遠。東方諸侯所襲用的禮法，是周人傳統的禮法。傳統的禮法大概是文化演變中的自然產物，比較能容受多方面的人生價值與文化理想。要成功地實現種種人生文化的價值理想，顯然是沒有捷徑可循的。這只有在端正了我們的文化方向後，老實地，耐心地，一步一步地走。然而，

秦孝公目前並不是要成就人生文化的諸多價值理想，他只是要及身顯名天下，因此，為實現人生文化諸多價值理想而設計出來的舊禮故法，秦孝公都會視為迂遠而闊於事情。

在〈更法〉篇中，公孫鞅完全投合了秦孝公的心意，主張變法，認為「有高人之行者，固見負於世；有獨知之慮者，必見訾於民」，一開始便把秦孝公和人民的觀點對立起來，把民眾形容為愚者，把自己形容為知者，慫恿秦孝公獨行獨斷，「無顧天下之議之」。近人懾於公孫鞅「三代不同禮而王，五霸不同法而霸……禮法以時而定，制令各順其宜……治世不一道，便國不必法古」等美詞，認為公孫鞅的觀點代表進步的一面，甘龍和杜摯的觀點代表守舊的一面，並且因為公孫鞅主張更法，便認為他主張法治，甘龍和杜摯反對更法，便認為他們反對法治。究竟是不是這樣的呢？

首先我們要澄清的一點，是甘龍和杜摯並沒有反對法治。他們明明說：「知者不變法而治……據法而治……法古無過」，可見他們不但沒有反對法治，而且也主張法治，不過他們主張法古之法，不變法而治罷了。然則主張變法的是不是就一定代表進步，主張不變法的就一定代表頑固呢？大家都知道，變本身並不代表價值，變好才有價值，變壞便不但沒有價值，反而是有負價值了。因此，要判斷公孫鞅和甘龍等誰是進步的，必須探討一下新法的內容和古法的內容究竟是什麼？根據以上所述，所謂古法，大體是泛指追求實現雜多的價值理想的禮法而言，而所謂新法，就是只肯定農戰的強國之術。

商鞅在「強國事兼並，弱國務力守」（〈開塞〉）的時代，認

為「國之所以興者，農戰也」(〈農戰〉)，因此他的強國之術，其實不外千方百計，集中一切人民的力量，從事農戰。

本來，教農教戰，差不多是一切政治所共同從事的要務。孔子也說為政之道，必須足食足兵。可見要民眾從事農戰，並不是商鞅強國之術的特色所在。商鞅的特色，是不惜否定一切農戰以外的文化價值，禁制一切農戰以外的文化活動，要人民專心一志地從事農戰。

為了實現人生的種種價值理想，人類文化，隨著歷史的發展，愈來愈變得多采多姿。一個健全的政治思想，理當肯定一切文化價值，並為這些價值的實現而創造條件。如像《詩》可以使人溫柔敦厚，《書》可以使人疏通知遠，《易》可以使人絜靜精微，《禮》可以使人恭儉莊敬，《樂》可以使人廣博易良，《春秋》可以使人屬辭比事。儒家在肯定農戰以外，對這些人生價值與文化價值都一一加以肯定，而主張以六經為教。然而，商鞅的農戰政策，並不是把農戰和其他文化項目平列起來，亦不是在諸多文化項目中，只突出農戰的重要性；而是把農戰和其他文化活動對立起來，認為一切農戰以外的文化活動，都是妨害農戰的，因此都在排斥與禁制之列。〈農戰〉篇曰：

> 農戰之民千人，而有詩書辯慧者一人焉，千人者皆怠於農戰矣。農戰之民百人，而有技藝者一人焉，百人者皆怠於農戰矣。

在〈墾令〉篇中，商鞅為了達到開荒墾草的目的，禁止雇用傭工；禁止玩音樂、耍雜技的人到各縣去表演；壓制商販的

活動，使商無得糴，農無得糶；廢逆旅，使辟淫游惰之民皆無得食；賤學問，使博聞辯慧之事，皆無得為。務使社會上的士人、商人、工人、以及藝人，全部歸農。

商鞅認為「民之性，饑而求食，勞而求佚，苦則索樂，辱則求榮，此民之情也。」（〈算地〉）他對道家敝屣尊榮，淡泊名利，清虛自守，卑弱自持的超脫境界，與儒家殺身成仁，捨生取義，行法俟命，守死善道的道德精神，一無所知，而只就求溫飽、求安佚、求榮樂等自然情欲來了解人的情性。但即使如此，商鞅的強國之術也不是要滿足人的自然情性，而只是利用人的自然好惡而加以制御。〈錯法〉篇云：

> 人君而有好惡，（陶鴻慶曰：人君當作人生）故民可治也。人君不可以不審好惡。好惡者，賞罰之本也。夫人情好爵祿而惡刑罰，人君設二者以御民之志，而立所欲焉。

〈賞刑〉篇又云：

> 民之欲富貴也，共闔棺而後止，而富貴之門，必出於兵，是故民聞戰而相賀也。

商鞅只認識人有懷生畏死，好利惡害等自然情欲，但他的政治目的，並不是要順成或滿足人民這些自然情欲，而只是利用人這種自然情欲來駕御人、控制人，以求順成或滿足人主及身顯名天下的大欲。因此，商鞅雖知道「民之外事莫難於戰，……民之內事莫苦於農」，卻並不是要老百姓好其所好，惡其所惡；相反地，他是要老百姓好人主之所好，惡人主之所惡；其

結果便是要老百姓好其所惡，惡其所好。何以見得呢？因為商鞅雖明知老百姓好利惡害，懷生畏死，但卻要「民聞戰而相賀」、「民之見戰也，如餓狼之見肉。」（〈畫策〉）站在老百姓的立場，究竟能不能由畏戰被改造成為好戰，這是另一個問題，但商鞅確實希望如此。商鞅的人主，無疑是喜好人民所憎惡的，而憎惡人民所喜好的。因此，〈弱民〉篇云：「政作民之所惡，民弱；政作民之所樂，民強。民弱國強，民強國弱。」〈畫策〉篇又云：「凡戰者，民之所惡也，能使民樂戰者王。」商鞅的政治思想，無疑是拂逆人性的。拿《大學》「好人之所惡，惡人之所好，是謂拂人之性」來評論商鞅的政治思想，我認為是恰當的。儒家政治思想的指導原則，是「民之所好好之，民之所惡惡之。」（《大學》）在對待人民的好惡一點上，儒家和法家有這樣大的分歧，我們便可以了解到歷史上儒法鬥爭的問題所在了。

　　商鞅的強國之術，要老百姓行其所苦，為其所難，聞戰相賀，見戰如餓狼之見肉，究竟這只是他主觀的願望呢，還是他確有萬全之計，必然之道，絕對的把握呢？

　　我們已經說過，鼓勵人民從事農戰，這大概是許多政治思想同有的主張，不能算是商鞅政治思想的特色。商鞅政治思想的特色，在他不獨鼓勵農戰，否定農戰以外的其他文化活動的價值。並且建立起一套驅民耕戰的政治設施。商鞅決不是個愛作白日夢的人，他是個認為王道迂闊，只爭朝夕的功利之徒，他在歷史上居然成功地使秦孝公及身顯名天下，他這一套強國之術，究竟是怎樣的呢？

　　商鞅政治思想的指導原則是尚力而不尚賢，自恃而不恃人，

為必治之政而不行偶然之治。商鞅在〈開塞〉篇中，指出人類歷史的發展有三個階段，「上世親親而愛私，中世上賢而說仁，下世貴貴而尊官。」他認為初民只知有母，不知有父，一般都親愛自己的親人，貪圖個人的私利。親愛自己的親人便產生親疏厚薄，貪圖個人的私利便流於偏險奸詐。到了人數眾多，而大家都存親疏厚薄之分，行偏險奸詐之事，便會亂。因此，便有賢者出來立中正，設無私，此時老百姓都喜歡仁義，於是親親之道廢，而尚賢之道立。但仁者只能以其仁德愛人，不必為人所愛，賢者只能以其賢智屈人，不必為人所服，故老是走尚賢的路也會出亂子，因此便要作為土地貨財男女之分，並為之立制立禁，立官立君。於是，上賢廢，而貴貴立。親親則私而不公，上賢則智而不力，因此商鞅認為惟有貴貴尚力，才可以王天下。他說：

> 民愚則知可以王，世知則力可以王。民愚則力有餘而知不足，世知則巧有餘而力不足。民之生，不知則學，力盡而服。故神農教耕而王天下，師其知也；湯、武致強而征諸侯，服其力也。夫民愚，不懷知而問；世知，無餘力而服。故以王天下者并刑，（陶鴻慶曰：王上當有知字。俞樾曰：並當讀為屏，謂屏除之也）力征諸侯者退德。（陶鴻慶曰：力上當有以字）（〈開塞〉）

商鞅認為上世則德可以王，中世則知可以王，下世則力可以王，和韓非「上古競於道德，中世逐於智謀，當今爭於氣力」的觀點完全一樣。他們都是崇尚氣力而反對道德與智謀的。商

鞅尚力，不但由於「世知則力可以王」的理由，而且認為只有尚力才能自恃而不恃人，為必治之政而不幸偶然之治。所以他說：

> 恃天下者，天下去之；自恃者，得天下。得天下者，先自得者也；能勝強敵者，先自勝者也。聖人知必然之理，必為之時勢，故為必治之政，戰必勇之民，行必聽之令。是以兵出而無敵，令行而天下服從。……聖人見本然之政，知必然之理，故其制民也，如以高下制水，如以燥濕制火。故曰：仁者能仁於人，而不能使人仁；義者能愛於人，而不能使人愛。是以知仁義之不足以治天下也。聖人有必信之性，又有使天下不得不信之法。所謂義者，為人臣忠，為人子孝，少長有禮，男女有別。非其義也，餓不苟食，死不苟生。此乃有法之常也。聖王者不貴義而貴法，法必明，令必行，則已矣。（〈畫策〉）

仁者能仁於人而不能使人仁，義者能愛於人而不能使人愛，故以仁義為治，便操之在人，非萬全之計，必然之道。商鞅是要以必然之理，必為之勢，去行必治之政，戰必勇之民，行必聽之令的。他要把人民控制得「如以高下制水，如以燥濕制火」、「若治於金，陶於土」（〈畫策〉），完全套在他的機括之中，成為一個被動的存在。而這一個機括，就是商鞅所立的法。

商鞅變法的內容，其要者有三：其一是壹於農戰；其二是嚴刑峻法；其三是君權集中。為了推行農戰的政策，所以要用嚴刑峻法；而農戰只為人君成霸王之名，與臣民的利害相矛盾，

人君為了避免授人以柄，便要君權集中。以下我們對這三點分別加以說明。

　　首先要說明的，是商鞅壹於農戰的思想。〈慎法〉篇云：「彼民不歸其力於耕，即食屈於內；不歸其節於戰，則兵弱於外。入而食屈於內，出而兵弱於外，雖有地萬里，帶甲百萬，與獨立平原一貫也。」因此，「聖人之為國也，入令民以屬農，出令民以計戰。……富強之功可坐而致也。」（〈算地〉）

　　商鞅重農政策的具體措施有以下幾點：一、廢除井田，開阡陌封疆。二、土地由不准買賣的官有制，改變為民得買賣的私有制。三、在稅收制度上，廢除助法，改為「訾粟而稅」（〈墾令〉）。四、提高糧穀的價格。五、規定人民可以糧穀捐官爵。六、耕績致粟帛多者，可以由奴隸身分回復庶民身分，反之，事末利及怠而貧者，則沒收為奴隸。

　　商鞅重戰政策的具體措施，有以下幾點：一、「舉國而責之於兵」（〈畫策〉），要全國人民都服兵役。二、「宗室非有軍功，論不得為屬籍。」（〈商君列傳〉）秦的宗室，沒有軍功，便取消宗室的資格。三、凡有戰功，在庶民方面，則按功賜爵。「斬一首者爵一級；欲為官者為五十石之官；斬二首者爵二級，欲為官者為百石之官。」（《韓非子・定法》篇）「能得甲首一者，賞爵一級，益田一頃，益宅九畝，除庶子一人，乃得入兵官之吏。」（〈境內〉）至於將官方面，打一次大勝仗，都加官晉爵，賜虜、賜稅、賜邑。四、戰士五人編為一伍，記在名冊上，一人逃跑，其他四人皆要處刑。管五人的屯長和轄百人的將官，若在戰陣中得不到敵人的首級，就要斬首。將官戰死，他的衛兵都要處

刑。(以上見〈境內〉篇)戰士違犯法令,則本人處死,父母兄弟妻子連坐。(以上見〈畫策〉篇)

　　一般都知道法家反對儒家,像〈靳令〉篇反對禮樂、詩書、修善、孝弟、誠信、貞廉、仁義、非兵、羞戰,〈去強〉篇反對禮樂詩書善修孝弟廉辯等,當然都以儒家為主要對象。但非兵、羞戰,可以是指墨家而言,而所謂廉辯,也可以包括名家。實則商鞅除農戰外,不但反對道德學問,辯說智謀,也反對奇技淫巧以至恬淡隱逸。因為奇技淫巧使人分心,故必須使「聲服無通於百縣,則民行作不顧,休居不聽。」(〈墾令〉)而恬淡隱逸者,無上之名,無君之祿,賞之不勸,罰之不畏,無視統治者的權威,這當然也在清除之列。這種功利思想發展到韓非,便連學習兵家及農家之書都要反對。〈五蠹〉篇云:

> 今境內之民皆言治,藏商、管之法者家有之,而國愈貧;言耕者眾,執耒者寡也。境內皆言兵,藏孫、吳之書者家有之,而兵愈弱;言戰者多,被甲者少也。故明主用其力,不聽其言,賞其功,必禁無用,故民盡死力以從其上。

　　可見商鞅為了動員全民專一於農戰,便同時對農戰以外之一切文化活動皆加以掃蕩和禁制,一般人只將法家和儒家對立起來看,以為法家只反對儒家,儒法之爭,只是兩家的事,這便大錯特錯。法家的農戰政策,不但要反對儒家,也反對道家、墨家、名家等,甚至反對包括商管之法,孫吳之書的一切言論,人人只能聽命於當時的政策,以法為教,以吏為師。這對人類

文化的發展和人類心智的開拓而言，都是一種極閉塞、極反動的政治思想。

也許有人以為法家的農戰政策，雖然犧牲了許多文化價值，到底也能成就國富兵強，這對我們今日的處境，依然有可以借鏡的地方。

本來，人類追求實現的價值理想很多，要在任何一個特定歷史階段中求其全幅實現，是不可能的。因此，對這些價值的實現，各就其特殊的文化背景與歷史條件，作出權宜的抉擇，都是無可厚非的。譬如我們在今天強調富強的價值，著重農戰，亦未嘗不可。但因著重農戰而否定或禁制一切農戰以外的文化活動，便不可以。因為農戰以外的價值理想，儘管在一時的權宜上，其重要性應在農戰之下，但在原則上，其他價值理想都是人類理當求其實現的。而且，法家貶抑農戰以外的文化活動，認為道德、智謀、學問、技巧，都無益於富強，而只知崇尚氣力，這對於今天而言，是否適用，便大有問題。如果我們說今天仍是個尚力的時代，也決不是只尚氣力，而更尚智力與德力。民主政治與道德倫理屬於德力的範疇，科學知識與獨立思考屬於智力範疇，沒有自由開放的民主政治，與高尚的道德情操，是不可能使每一分子都能各盡其才，發揮他們的長處的。今天只有德力智力與氣力和合為一，社會才可能達致富強的境地。

猶有進者，商鞅所謂國富，並不是要民富，所謂兵強，也不是要民強。相反地，商鞅是把國強與民強對立起來，而要貧民弱民的。〈說民〉篇曰：

民貧則弱，國富則淫，淫則有蝨，有蝨則弱。故貧者益
之以刑則富，富者損之以賞則貧。治國之舉，貴令貧者
富，富者貧。貧者富，富者貧，國強。

這一段話，頗為費解。商鞅一面說民貧則弱，一面又說國
富則淫；一面說貧者益之以刑則富，一面又說富者損之以賞則
貧，一面說治國貴令貧者富，一面又說貴令富者貧。似乎他既
不喜歡貧，也不喜歡富，然則商鞅是要貧還是富呢？其實，商
鞅並不關心人民的貧富，他所關心的，只是民貧或民富以後，
對國家有沒有利益，對人主有沒有利益而已。他發覺到，人民
富足，便會浮蕩不聽驅使，這便叫做國富則淫。所以便要富人
出錢捐官爵，用官爵的賞賜減少富人的財富，這便叫做「富者
損之以賞則貧」。但人民如果都怠於農耕，則國庫便受影響，這
便叫做「民貧則弱」。因此，國家必須用刑罰強迫他們努力生產，
這便叫做「貧者益之以刑則富」。商鞅在這裡，既不欲民富，也
不欲民貧，而要對人民的貧富，永遠作辯證的運用。故曰：「治
國之舉，貴令貧者富，富者貧。貧者富，富者貧，國強。」（〈說
民〉）又云：「治國能令貧者富，富者貧，則國多力。」（〈去強〉）

商鞅不欲民貧，只從民貧會影響國庫的收入一點上著眼。
他要令貧者富，並非真的樂見人民過富足的生活，而只以富足
為餌，誘使及迫使人民為人君盡力效死。當人民富足時，便要
他們捐官買爵，最後依然要老百姓貧弱而後止。因此商鞅所追
求的國富兵強，並不是民富民強，相反地，他是要民貧民弱的。
故〈弱民〉篇云：

民弱國強，國強民弱。故有道之國，務在弱民。樸則強，
淫則弱，（朱師轍說：當作「樸則弱，淫則強」）弱則軌，
淫則越志，弱則有用，越志則疆。故曰：「以強去強者弱，
以弱去強者強。」……民貧則力富，力富則淫，淫則有蝨，
故民富而不用，則使民以食出，各必以力，（朱師轍引或
說：當作「則使民以食出爵，各必以其力」）則農不偷。
農不偷，六蝨無萌，故國富而貧治重強。……民辱則貴
爵，弱則尊官，貧則重賞。……民有私榮，則賤列卑官，
富則輕賞。

商鞅認為民辱則貴爵尊官，有私榮則賤列卑官；民貧則重
視賞賜，富則輕視賞賜。民弱則遵守法軌，民強則任意而行；
民貧則勤勞而富裕，民富則不受控制。所以民弱則國強，國強
則民弱，有道之國，以弱民貧民為務。當民強民富時，便要用
之於戰爭，使他們拿出糧穀捐爵位，這叫做國富而貧治。國富
而貧治，國家就富上加富，強上加強。故曰：

以強去強者弱，以弱去強者強。國為善，姦必多。國富
而貧治，曰重富，重富者強。國貧而富治曰重貧，重貧
者弱。（〈去強〉）

在我們今天的世界裡，人民的力量強大，則政府的力量便
弱小；相反地，人民的力量弱小，則政府的力量便強大。人民
力量強大，政府便不能為所欲為，這叫民強則國弱。人民的力
量弱小，政府便可以為所欲為，這叫做民弱則國強。商鞅的強

國之術，是要國強而不是民強，國富而不是民富。因此，他要
去除人民中的富者強者，便不能推行富民、強民的政策，而只
推行貧民、弱民的政策。若推行富民強民政策來剷除富強之民，
政府便貧弱。若推行貧民弱民政策來剷除富強之民，政府便富
強。所謂富民強民政策，如使人民生活富裕，知識增加，權力
分散等皆然。以此治富強之國，則國家必貧弱，以此治貧弱之
國，則國家必貧上加貧，弱上加弱，這叫做重貧重弱。相反地，
所謂貧民弱民政策，就是使人民無知無識，無私榮私欲，完全
受政府的控制。以此治貧弱之國，則國必富強；以此治富強之
國，則國必富上加富，強上加強，這叫做重富重強。商鞅在〈去
強〉篇是要去民之強，以致國之強，〈弱民〉篇是要去國之弱而
致民之弱。民弱則國強，國強則民弱，國與民的利害是互相矛
盾的。

　　弱民政策除了驅民於農，並要他們以糧穀捐官買爵以外，
更要驅民於戰。〈去強〉篇云：

　　戰事兵用曰強，（朱師轍曰：當作戰事兵用而國強）戰亂
　　兵息而國削。……國強而不戰，毒輸於內，禮樂蝨官生，
　　必削。國遂戰，毒輸於敵，國無禮樂蝨官，必強。

〈壹言〉篇又云：

　　治國能摶民力，而壹民務者強。能事本而禁末者富。夫
　　聖人之治國，能摶力，能殺力。……故治國者，其摶力
　　也，以富國強兵也；其殺力也，以事敵勸民也。……故

> 摶力以壹務也，殺力以攻敵也。……故能摶力而不能用
> 者，必亂；能殺力而不能摶者，必亡。故明君知齊二者，
> 其國強，不知齊二者，其國削。

〈靳令〉篇又云：

> 國貧而務戰，毒生於敵，無六蝨，必強。國富而不戰，
> 偷生於內，有六蝨，必弱。

商鞅的富國，並不是為了富民，他的強兵，也不是為了強
民衛民。因為根據〈徠民〉篇說：「今三晉不勝秦四世矣，自魏
襄以來，野戰不勝，守城必拔，小大之戰，三晉之亡於秦者，
不可勝數也。」可見秦孝公要強兵，既不是為了自衛，更不是為
了衛民，而是為了稱霸天下。但自古霸王之業，據商鞅的了解，
都是從打勝仗中取得的，故曰：「不勝而王，不敗而亡者，自古
及今，未嘗有也。……聖王見王之致於兵也，故舉國而責之於
兵。」（《畫策》）〈徠民〉篇又云：「夫所以為苦民而強兵者，將
以攻敵而成所欲也。」因此，非常明顯，商鞅是個軍國主義者，
同時也是個黷武主義者。他既認為「民愚則知可以王，世知則
力可以王」，因此他的政策便要摶聚民力。但當民力摶聚，國家
富強的時候，他便要消殺這力量，使人民從事殺敵攻戰，以免
毒輸於內。這叫做「能摶力，能殺力」。因為國強而不戰，毒素
便會灌輸於國內，國強而戰，毒素便灌輸於敵國。商鞅不但說
「國富而不戰，偷生於內，必弱」，甚至說「國貧而務戰，毒生
於敵，必強」，可見商鞅是要把從事戰爭作為強國手段之一，他

所謂明君，就是要把搏力殺力二者調協得當，運用得宜。一面
通過高壓的統治方式，把人民的力量搏聚起來，一面卻通過侵
略戰爭，把人民對政府的怨毒輸送到敵國去。這是商鞅所謂明
君所應為的。

　　以上我們說明了商鞅重農重戰的政策，以下便要說明一下
他的嚴刑峻法。商鞅所謂法究竟是什麼意思呢？〈修權〉篇云：

> 世之為治者，多釋法而任私議，此國之所以亂也。先王
> 懸權衡、立尺寸，而至今法之，其分明也。夫釋權衡而
> 斷輕重，廢尺寸而意長短，雖察，商賈不用，商賈不用，
> 為其不必也。……夫倍法度而任私議，皆不知類者也。
> （朱師轍曰：倍猶背，類上有知字）不以法論知、能、
> 賢、不肖者惟堯，而世不盡為堯。是故先王知自議譽私
> 之不可任也，故立法明分，中程者賞之，毀公者誅之。
> 賞誅之法，不失其議，（陶鴻慶曰：議當讀為儀，儀，準
> 也）故民不爭；授官予爵，不以其勞，則忠臣不進；行
> 賞賦祿，不稱其功，則戰士不用。

　　商君所謂法，對言而言，法指公法，言指私言或私議，法
是客觀的準則，言隨主觀的好惡。〈修權〉篇曰：「君好法，則
臣以法事君，君好言，則臣以言事君；君好法，則端直之士在
前，君好言，則毀譽之臣在側。」而所謂客觀的準則，特指賞罰
的客觀準則而言，故一則曰：「凡賞者，文也；刑者，武也；文
武者，法之約也。（高亨曰：約當讀為要，即綱要之要）」再則
曰：「中程者賞之，毀公者誅之。賞誅之法，不失其議，故民不

爭。」故商鞅所謂法，特指刑賞的客觀標準。

　　商鞅的刑賞，目的在使人民專壹於農戰。民之所苦無如農，民之所危無如戰，今要人民專壹於農戰，便非劫之以刑，驅之以賞，誘之以利，釣之以名不可。故〈慎法〉篇云：

> 使民之所苦者無耕，危者無戰，（朱師轍曰：無耕無戰，猶言無如耕，無如戰）二者孝子難以為其親，忠臣難以為其君；今欲驅其眾民，與之孝子忠臣之所難，臣以為非劫以刑而驅以賞莫可。

〈算地〉篇又云：

> 故聖人之為國也，入令民以屬農，出令民以計戰。夫農，民之所苦；而戰，民之所危也。犯其所苦，行其所危者，計也。故民生則計利，死則慮名，名利之所出，不可不審也。利出於地，則民盡力，名出於戰，則民致死。入使民盡力，則草不荒，出使民致死，則勝敵。勝敵而草不荒，富強之功，可坐而致也。

　　商鞅因人皆有懷生畏死，計利慮名的情性，因而制為刑賞之法，驅民於農戰。他說：「怯民使以刑必勇，勇民使以賞則死。……貧者使以刑則富，富者使以賞則貧。」（〈去強〉）又說：「利出於地，則民盡力，名出於戰，則民致死。入使民盡力，則草不荒，出使民致死，則勝敵。勝敵而草不荒，富強之功，可坐而致也。」（〈算地〉）故要人民努力農戰，全靠刑賞的威逼利誘。而商鞅所謂刑賞，又有壹刑與壹賞之說。所謂壹賞，是指只有

從事農戰，才能獲得官爵的意思。農可以用糧穀買官易爵，戰可以憑戰功加官晉爵，此外，凡學詩書、從外交、事商賈、為技藝的，都不能得官爵，這種利出一孔的政策，便叫做壹賞，故曰：「所謂壹賞者，利祿官爵摶出於兵，無有異施也。」（〈賞刑〉）所謂壹刑，是指對一切違犯禁令的人，無分貴賤都課以同等的刑罰。故曰：「所謂壹刑者，刑無等級，自卿相、將軍以至大夫、庶人，有不從王令、犯國禁、亂上制者，罪死不赦。」（〈賞刑〉）

然而，利祿官爵總是有限的，如果人主只靠賞賜利祿官爵來鼓勵人民從事農戰，試問人主有多少爵祿可以賞賜呢？對於這一個難題，商鞅卻輕而易舉地解決了。

商鞅的官爵，主要賞賜給有戰功的人。凡攻城野戰，而有戰功，若非覆人之軍，便是淩人之城，不是把敵人完全征服，便是把敵城完全佔有，如是，拿一部分從戰勝得來的土地、財產、俘虜，賞賜給有功的戰士，則無論賞賜如何豐厚，人主也不會有匱乏之虞。如像湯封於贊茅，文王封於岐周，皆不出百里之地，若只以贊茅、岐周之粟賞天下之人，人不得一升，若只以其錢賞天下之人，人不得一錢。然而在湯、武戰勝桀、紂後，對他們的臣下裂土封侯，所賞賜的封地，比他們自己原來受封的贊茅、岐周之地還要大，但湯、武並不因厚賞而匱乏，這是什麼原因呢？無他，「善因天下之貨，以賞天下之人」而已。故曰：「盡城而有之，盡實而致之，雖厚慶賞，何匱之有矣？」（〈賞刑〉）這便叫做「明賞不費」。及至海內清平，天下大定時，雖無新的戰功與新的戰利品，但同時亦可以賞祿不行，則人主

不但可以不費，而且也可以無賞，這便叫做「明賞之猶至於無賞。」

商鞅行賞，亦不限於戰功，對告奸者和力田者都有賞賜，但這些賞賜依然不用耗費人主的財貨。就告奸者而言，他所得的祿位，就是被告被褫奪的祿位。故曰：「知而訐之上者，自免於罪，無貴賤，尸襲其官長之官爵田祿。」（〈賞刑〉）因此依然是因天下之貨，以賞天下之人。至於對力田者賞賜官爵，則是要農夫出糧穀去買回來的。人主所失的是虛名，所得的是實利。所以〈去強〉篇云：「貧者使以刑則富，富者使以賞則貧。」〈說民〉篇又云：「貧者益之以刑則富，富者損之以賞則貧。」對農夫而言，人主賞賜官爵給他們，是使他們損，使他們貧的。既然如此，則人主不獨不會因對農夫有所賞而受損，反而會因對農夫有所賞而獲益。這在商鞅，便叫做「明賞不費」。（〈賞刑〉）

商鞅在〈徠民〉篇還有一種對人民賞賜的辦法，那便是不必要他們立戰功或出糧穀，便賜與他們田宅、爵位，並免除他們的賦稅徭役。這是什麼道理呢？原來商鞅早在二千多年前，便懂得今天所謂統戰之術。當時秦國的問題是「興兵而伐則國家貧，安居而農則敵得休息」（〈徠民〉）商鞅為了要解決這一問題，便主張用優厚的賞賜招徠三晉之民。因為反正秦國有的是土地，而三晉之民，原來就不是秦國的人民，不必向秦國納賦稅、作徭役，即使賜與他們一些爵位，亦只是虛名，這對秦國不但沒有什麼損失，反而因為有三晉的新民從事生產，便可以抽出原來的秦民從事征戰，這便可以解決「興兵而伐則國家貧，安居而農則敵得休息」的矛盾，而達致弱晉強秦，稱霸天下的

目的，這又何樂而不為呢？然而，商鞅這種優待的辦法，只限於招徠的三晉新民，對於本來已完全受他控制的故秦之民而言，是享受不到這種恩惠的。

商鞅的刑法，特色有六：其一為以刑生力。刑罰一般都是用來禁暴除悍、警惡懲奸的，但商鞅卻用來鞭策人民，努力耕戰。所以他除了一再地說「刑生力、力生強」的話外，也一再地說「貧者使之以刑則富」。（〈去強〉）可見用刑並不是為了治奸民，而是為了鞭策人民努力耕作，不是為了禁惡，而是為了生力。〈畫策〉篇認為善不可賞。賞善之不可，猶賞不盜之不可。若凡不盜者皆賞，便賞不勝賞。故善治者刑不善而不賞善。刑不善，則民不敢為惡，故不賞善而民善。賞不足以勸善，刑反可以勸善。商鞅是通過刑罰來勸人民從事耕戰的。故曰「王者以賞禁，以刑勸。」（〈開塞〉）所謂以賞禁，是指「賞施於告姦，則細過不失」之類。所謂以刑勸，是指用刑罰督促人民從事耕戰。這便叫做刑生力、力生強。

其二為多刑少賞。商鞅雖說要使「利祿官爵摶出於兵。……善因天下之貨，以賞天下之人。」（〈賞刑〉）但戰功到底不是常有的，天下之貨財亦有限，而且刑可以生力，於是便主張「治國刑多而賞少，故王者刑九而賞一，削國賞九而刑一。」（〈開塞〉）又云：「王者刑九賞一，強國刑七賞三，削國刑五賞五。」（〈去彊〉）

其三為嚴刑重罰。商鞅認為刑可以勸善，刑生力，因而除了要刑多賞少之外，還要重刑少賞與重罰輕賞。他一則說「重刑少賞，上愛民，民死賞。重賞輕刑，上不愛民，民不死賞。

……是故興國罰行則民親，賞行則民利。」（〈靳令〉）再則說：「罰重爵尊，賞輕刑威。爵尊上愛民，刑威民死上。故興國行罰則民利，用賞則上重。」（〈說民〉）三則曰：「重罰輕賞，則上愛民，民死上。重賞輕罰，則上不愛民，民不死上。興國行罰，民利且畏，行賞，民利且愛。」（〈去強〉）「民利且愛」之「愛」字，高亨《商君書注譯》解作「貪圖」。因此，法家雖有「嚴刑重賞」之說，實則偏於嚴刑而不偏於重賞。人民所以覺得爵祿尊貴，是由於刑嚴罰重。故罰重則爵尊，賞輕則刑威，刑威然後「民死上」、「民死賞」。這便叫做「上愛民」。

　　其四為連坐之法。多刑與重刑既然有這樣的好處，因此商鞅便進一步主張連坐之法。〈墾令〉篇云：「重刑而連其罪。」什麼叫做重刑而連其罪呢？〈賞刑〉篇解釋說：「忠臣孝子，有過必以其數斷。守法守職之吏，有不行王法者，罪死不赦，刑及三族。周官之人，知而訐之上者，自免於罪，無貴賤，尸襲其官長之官爵、田祿。故曰：重刑、連其罪。」所謂三族，《周禮·小宗伯》鄭注謂父、子、孫。《儀禮·士昏禮》鄭注謂「父昆弟，己昆弟，子昆弟。」《大戴禮·保傅》盧注謂「父族、母族、妻族。」但據《商君書·畫策》篇云：「父遺其子，兄遺其弟，妻遺其夫，皆曰不得無返，又曰失法離令，若死我死。」則所謂三族連坐，當指父母、兄弟、妻子而言。忠臣孝子有過，守法守職之吏有不行王法，以及戰而不得勝，失法離令者，不但父母兄弟妻子三族連坐，而且「周官之人」（俞樾作同官之人解，高亨作四周的官吏解）亦要受罪，只有知情而加以告發的，才能「自免於罪」。此外，連坐之法，不但刑及三族，罪及周官，而

且連及同伍。〈境內〉云：「其戰也，五人來薄為伍，一人羽而輕其四人。」孫詒讓曰：「來疑當作束。薄，古簿字。五人束簿為伍，言為束伍之籍也。羽疑當為死，輕當為刌，言同伍之中，一人死事，四人不能救，則受刑也。」高亨則謂「羽疑當作兆，形似而誤，兆借為逃。此言一人逃走，則加刑于其同伍四人，即同伍連坐之法律。」今無論同伍中，一人死，四人不能救也好，或一人逃，四人不能監督制止也好，反正同伍之人，均要受刌刑。按《史記・淮南衡山列傳》注云：「刌謂斷其首。」〈畫策〉篇又云：「行間之治連以五，辨之以章，束之以令，拙無所處，罷無所生，是以三軍之眾，從令如流，死而不旋踵。」古代軍隊編制，五人為一伍，以徽章為之區別，以法令為之約束，使他們窮屈敗退時無處可住，無路可活，於是三軍之士，面對死亡也不肯旋轉腳跟來逃跑。此外《史記・商君列傳》云：「令民為什伍，而相收司連坐。不告姦者腰斬，告姦者與斬敵首同賞，匿姦者與降敵同罰。」索隱云：「五家為保，十家相連，一家有罪，而九家連舉發，若不糾舉，則十家連坐。」是則連坐之法，不限於三族、同官、同伍，而且廣及鄉里，由此可見連坐法之慘酷。

其五為刑於將過。商君之法，「以刑治，以賞戰。」（〈靳令〉）不但要刑多刑重，而且要刑於將過。一般的刑法，只是對犯法令，有過失的人才用刑，但商君卻要在人還沒有犯法，而只在將要犯法的時候，便要加以刑罰。因此他說：「刑加於罪所終，則姦不去；賞施於民所義，則過不止。刑不能去姦，而賞不能止過者，必亂。故王者刑用於將過，則大邪不生；賞施於告姦，

則細過不失。治民能使大邪不生，細過不失，則國治。」（〈開塞〉）
所謂「賞施於民所義則過不止」，是指賞不能施於義善之民，而
當施於告姦之民。對義善之民才賞，便不能止過；告姦者得賞，
使民互相監督，便細過不失。所謂「罪所終」，是對罪所始而言，
罪所始即「將過」，罪所終即已過。商鞅認為「刑加於罪所終」，
便是治之於其亂。「刑用於將過」，便是治之於其治。治之於其
亂則亂，治之於其治則治。而所謂治之於其治，刑用於將過，
就等於治之於其心，刑用於其心。儒家的治道，是要陶冶人的
身心，所謂禮以治身，樂以治心。都是使治道行於人已犯罪過
之前，使人日徙善遠罪而不自知。法家言治，也要治之於其治，
而不治之於其亂，但儒家是用禮樂教化行之，而法家則全憑嚴
刑重罰。〈說民〉篇云：「有姦必告之，則民斷於心……故王者
刑賞斷於民心。」商鞅所謂刑於將過，就是指在多刑、重刑，連
坐、告姦的淫威底下，使人感到威尊命賤，法重心駭，於是死
不旋踵，亦不敢以身試法。

　　其六為以刑去刑。商君之法，由法治變而為刑治，由刑治
變而為無刑，亦為其刑治之特色之一。今天西方民主國家的刑
法，往往罪重而刑輕，儒家雖反對廢除肉刑而行象徵性的刑罰，
但也主張刑當其罪，重其重者，輕其輕者。（參考《荀子・正論
篇》）商鞅用刑，則不但反對罪重刑輕，也反對重其重者，輕其
輕者，而主張重其輕者。他說：「行罰重其輕者，輕者不至，重
者不來，此謂以刑去刑，刑去事成。罪重刑輕，輕其重者，刑
至事生，此謂以刑致刑，其國必削。」（〈靳令〉）又曰：「以刑去
刑，國治；以刑致刑，國亂。故曰：行刑重輕，刑去事成，國

強；重重而輕輕，刑至事生，國削。」（〈去強〉）所謂以刑去刑，就是指以嚴刑重誅，使「刑賞斷於民心」（〈說民〉）、「刑罰必於民心」（《韓非・定法》篇）所達到的「民不敢試，故無刑也」（〈賞刑〉）的境地。這便叫做治之於其治。若刑輕不足以阻嚇民心，人民仍敢於以身試法，當其犯罪，然後從而刑之，這便叫做治之於其亂。故〈說民〉篇云：「民治則亂，（高亨曰：民下當有不字）亂而治之又亂。故治之於其治則治，治之於其亂則亂。民之情也治，其事也亂。故行刑重其輕者，輕者不生，則重者無從至矣，此謂治之於其治也。行刑重其重者，輕其輕者，輕者不止，則重者無從止矣，此謂治之於其亂也。故重輕，則刑去事成，國強；重重而輕輕，則刑至而事生，國削。」依照商鞅的觀點，罪重刑輕或重重輕輕，都不足以起嚇阻作用，其結果不獨愈治愈亂，而且以刑致刑。只有重其輕者，才能達致以殺去殺，以刑去刑的境地。故商鞅的刑殺，不是要對犯罪者作公平的懲罰，而是要拿他們來作殺一警百，以求對人民施行威嚇的手段。

商鞅喜歡用以殺去殺，以刑去刑來誇耀他的德愛。如上引〈去強〉、〈說民〉、〈靳令〉諸篇所謂「重罰輕賞則上愛民」、「罰重爵尊上愛民」、「重刑少賞上愛民」之外，〈開塞〉篇又云：

> 今世所謂義者，將立民之所好，而廢其所惡；此其所謂不義者，將立民之所惡，而廢其所樂也。二者名貿實易，不可不察也。立民之所樂，則民傷其所惡；立民之所惡，則民安其所樂。何以知其然也？夫民憂則思，思則出度；

樂則淫，淫則生佚。故以刑治則民威，民威則無姦，無
姦則民安其所樂。以義教則民縱，民縱則亂，亂則民傷
其所惡。吾所謂利者，（陶鴻慶曰：利乃刑之誤）義之本
也；而世所謂義者，暴之道也。夫正民者，以其所惡，
必終其所好；以其所好，必敗其所惡。……此吾以殺刑
之反於德，而義合於暴也。

　　商鞅以嚴刑重誅鞭策天下，人民為免刀斧之誅，噤若寒蟬，
有口不敢私言，有目不敢私視，順上之為，從主之法，死不旋
踵地為人主達成其富國強兵、稱霸天下的大欲而捨命馳驅。就
在這以殺去殺、以刑去刑的陰慘局面下，商鞅竟自詡為至治境
界，並無恥地稱這種刑殺之治為上愛民。他認為殺戮刑罰反合
於德，而道德仁義，反合於暴，因而以刑殺為治之本，決不行
仁政。他不但膽敢放言高論地宣揚這種暴政，而且反詆勝殘去
殺的王道政治為暴政。這樣顛倒錯亂的思想，居然仍煽惑著今
天讀《商君書》的人，他們以為要救中國，仍要走商鞅的路，
可見把這些生心害政的思想觀念加以摧陷廓清，是急不容緩的。

　　以上我們已說明了商鞅強國之術中的重農重戰與嚴刑峻法
兩端，以下便要討論一下商鞅君權集中的思想。

　　法家的人君，目的在戰勝強敵，專制天下。但勝敵必先勝
其民，制天下必先制其民。（見〈畫策〉）匹夫欲制勝其敵，要
靠勇力；但萬乘之主，千乘之君要制勝其民，便要因權造勢。
權和勢是不同的，權為主觀所操執，勢為客觀所陳設，權為人
君所獨制，勢為臣民所共守。人主操其權，御其勢故能獨斷天

下。

今人喜言階級專政，以為凡言專政，都是一個階級對另一個階級專政。因此很容易聯想到法家的專政，也是階級專政。但階級專政，不能只是個人專政，而必在統治階級內部有民主，才有所謂階級專政。而法家的專政，則只是帝王個人的專政。韓非在〈八說〉篇云，明主之國，只許有貴臣而不許有重臣。爵尊官大謂之貴臣，言聽力多謂之重臣。法家的明君是決不能忍受將獨裁專制的權柄與別人分享的。因此，他對任何勢力的樹立，都要制止。《韓非子‧揚權》篇云：「公子既眾，宗室憂吟，止之之道，數披其木，母使枝茂。」連公子既眾，都在法家明君打擊之列，可見法家的專制，只是帝王個人的專制，而無所謂階級專政。故韓非曰：「明君貴獨道之容。」（《韓非子‧主道》）又云：「能獨斷者，故可以為天下主。」（《韓非子‧外儲說右上》）而商鞅亦云：「權者，君之所獨制也。」然則人君如何能獨斷天下，專制天下呢？〈禁使〉篇云：

> 凡知道者，勢、數也。故先王不恃其強，而恃其勢；不恃其信，而恃其數。今夫飛蓬遇飄風而行千里，乘風之勢也；探淵者知千仞之深，縣繩之數也。故託其勢者，雖遠必至；守其數者，雖深必得。

此處所謂勢，指人君所憑藉的客觀形勢而言，所謂數，指人君駕馭群臣，推行政令的方法和手段。人君要獨斷天下，便要因權造勢，託勢專權。通常我們很容易想到人君要專制天下，便當擴大統治階層，憑人多勢眾來挾制天下。但商鞅決不這樣

想。商鞅心目中根本沒有階級觀念，他並不認為人主以外，有和人主同利害的階級兄弟。他認為民性都是「饑而求食，勞而求佚，苦則索樂，辱則求榮。……生則計利，死則慮名。」（〈算地〉）因此都是與人主的利害相矛盾的。人主決不能恃多官眾吏來拑制天下。〈禁使〉篇云：

> 今恃多官眾吏，官立丞、監。夫置丞立監者，且以禁人為利也。而丞、監亦欲為利，則何以相禁？故恃丞、監而治者，僅存之治也。通數者不然也，別其勢，難其道。故曰：「其勢難匿者，雖跖不為非焉。」故先王貴勢。

商鞅不但不信任人民，認為「以良民治，必亂至削，以姦民治，必治至強。」（〈說民〉）而且也不信任官吏丞監，而要別其勢，難其道。別其勢就是要分散他們的權力。難其道就是在互相監視，互相牽制之中，使官吏不敢為非。這種「不恃人之為吾善，而用其不得為非」（《韓非子·顯學》）的精神，頗與近代西方民主政治之法治精神相類似。但近代民主政治不是執政者不信任人民，而是人民不信任執政者，因此不是執政者要分散官民的勢，而是人民要分散執政者的勢。三權分立，就是這樣產生的。統治者與被統治者從互不信任的基礎上建制立法，這是商鞅和近代民主政治所同的，但商鞅所建立的法制，是要別官民之勢，難官民之道。而近代民主政治是要別執政者之勢，難執政者之道。前者是以姦民治的君主專制政治，後者是以姦君治的民主政治，真是差之毫釐，謬以千里。然則商鞅用什麼方法來別其勢，難其道呢？商鞅認為人民之間，官吏之間，或

官民之間，如果事同體一，利害一致，便會朋比為奸，結黨營私，因此必須設連坐之法，使父子兄弟夫妻交友之利害，互相矛盾對立起來，於是官民之勢完全被拆散，而人主之勢，便可以完全集中起來，這是商鞅削弱民力，鞏固君權的不二法門，也是商鞅推行君主專制的不二法門。故〈禁使〉篇又云：

> 恃多官眾吏。吏雖眾，同體一也。夫同體一者，相不可。
> （孫詒讓曰：同體一上，疑脫事字。相下當有監字）且
> 夫利異而害不同者，先王所以為保也。（朱師轍引或曰：
> 為保，使官吏互相保證，一人犯姦，相連坐罪）故至治，
> 夫妻、交友不能相為棄惡蓋非，而不害於親，民人不能
> 相為隱。上與吏也，事合而利異者也。今夫騶、虞（天
> 子掌鳥獸官）以相監，不可，事合而利異者也。（俞樾曰：
> 利異當作利同）若使馬焉能言，則騶、虞無所逃其惡矣，
> 利異也。利合而惡同者，父不能以問子，君不能以問臣。
> 吏之與吏，利合而惡同也。夫事合而利異者，先王之所
> 以為端也。（高亨曰：端疑當作保）

商鞅的君主專政，不是憑藉階級矛盾進行階級專政，而是憑分化人民的關係、製造人與人之間的矛盾來進行專政的。他要使人民與人民之間，人民與官吏之間，官吏與官吏之間，由「利合而惡同」的情況，轉變為「事合而利異」的情況。使他們由利害相一致轉變為利害相矛盾，使他們日夕在互相猜忌，互相監督之下過活，人君便可坐收漁人之利。達成這種目的的手段，便是廣設連坐之法，推行特務政治。

　　商鞅所謂勢，既然是指人主憑藉的客觀形勢而言，然則人
主所憑藉的客觀形勢究竟是什麼呢？其實不外是法令。因為法
令一布陳以後，名分已定，人人各安本分，不敢作非分之想，
這便是治之勢。反之，若法令不明，名分未定，如秦失其鹿，
天下共逐之，這便是亂之勢。故對治之勢言，有法才有勢，無
法便無勢。故曰：

> 凡人主德行非出人也，知非出人也，勇力非過人也。然
> 民雖有聖知，弗敢我謀；勇力，弗敢我殺；雖眾，不敢
> 勝其主；雖民至億萬之數，懸重賞而民不敢爭，行罰而
> 民不敢怨者，法也。（〈畫策〉）

又曰：

> 法令者，民之命也，為治之本也，所以備民也。為治而
> 去法令，猶欲無饑而去食也，欲無寒而去衣也，欲東西
> 行也，其不幾亦明矣！一兔走，百人逐之，非以兔可分
> 以為百，由名分之未定也。夫賣兔者滿市，而盜不敢取，
> 由名分已定也。……夫名分不定，堯、舜猶將皆折而姦
> 之，而況眾人乎？此令姦惡大起，人主奪威勢，亡國滅
> 社稷之道也。……名分定，則大詐貞信，巨盜愿愨，而
> 各自治也。故夫名分定，勢治之道也；名分不定，勢亂
> 之道也。故勢治者不可亂，勢亂者不可治。（〈定分〉）

　　大抵法如刀，勢如刀之利，權如刀之柄。有法始能造勢，
如有刀始有利。然能抱法處勢，運用得宜，便是權。權求其專

制獨斷，亦猶用刀者不欲授人以柄。故〈修權〉篇云：

> 國之所以治者三：一曰法，二曰信，三曰權。法者，君
> 臣之所共操也；信者，君臣之所共立也；權者，君之所
> 獨制也。人主失守則危，君臣釋法任私必亂。故立法明
> 分，而不以私害法，則治。權制斷於君，則威。民信其
> 賞，則事功成；信其刑，則姦無端。惟明主愛權、重信，
> 而不以私害法。

以上一節，明示法、信、權三者不可分，實則法、信、勢、
權四者亦不可分。因立法明分，分定勢成，人主才可以獨制大
權。然人君立法，臣民不必守法，臣民不守法，人君便不能因
勢弄權。故為要人民守法，便當信賞必罰，這是商鞅變法之初，
要徙木示信的原因。雖則浮萌趨於耕農則足食，游士危於戰陣
則足兵，若政府不能立大信於民，則一切賞罰政令，形同廢紙，
這又怎能驅民耕戰，使達致足食足兵的境地呢？此所以孔子為
政，寧去兵去食，亦不能去信。商鞅對這點道理還是知道的，
故曰：「明主愛權重信，而不以私害法。」近人對孔子民無信不
立之說，橫加責難，實不值識者一哂。

《商君書》除謂「權者，君之所獨制」外，〈算地〉篇又云：
「臣得盡其力，主得專其柄。」可見商鞅所謂法治，是要強幹弱
枝，集大權於君主一人之身。中國的專制政治，實濫觴於商君。

商鞅既主張君主獨斷，為什麼又說「有道之國，治不聽君，
民不從官」呢？原來商鞅反對恃多官眾吏而治，就是反對官吏
專制決事於千里之外，到每年十二月才匯報一次。有人以為只

要人君執虛以應，便可以考驗出官吏斷事有沒有姦情。但由於
事過境遷，人君對案情缺乏具體的了解，要審查出官吏的斷案
是否恰當是很困難的。因此，商鞅規定官吏斷案，必須一斷於
法，不能憑主觀的智能專制決事於千里之外。故曰：

> 先王貴勢。或曰：「人主執虛以應，則物應稽驗，稽驗則
> 姦得。」臣以為不然。夫吏專制決事於千里之外，十二月
> 而計書以定；事以一歲別計，而主以一聽，見所疑焉，
> 不可蔽，（《小爾雅·廣言》：蔽，決也）員不足。（《說文》：
> 員，物數也。此言物證不足）夫物至，則目不得不見；
> 言薄，則耳不得不聞。故物至則變，（朱師轍曰：變借為
> 辯）言至則論。故治國之制，民不得避罪，如目不能以
> 所見遁心。……故遺賢去知，治之數也。（〈禁使〉）

商鞅遺賢去智，不恃人而治，而恃法而治，只要法令布陳，
規定有功則賞，有過則罰，則官吏不得以其賢知專制於外，而
一本於法，如事物出現眼前，眼睛不能不見，言語來到耳邊，
耳朵不得不聽一樣，這便不會因時日遷移，物證不足而產生猶
疑不決的弊病。所以人主的獨斷，是通過官行人主之法來進行
的。只要人民都聽從官吏，便不必聽從國君。若事事皆斷於君，
由於人君精力和時間都不足，獨斷便成為不可能的事。即使可
能，亦必拖延政事，嚴重地影響行政效率。商鞅理想的治道，
是不把政事稽延至隔宿的，故曰：「以日治者王，以夜治者強，
以宿治者削。」（〈去強〉）宿治不但稽延政事，而且為邪官造就
許多貪贓枉法的機會。故曰：「無宿治，則邪官不及為私利於民，

而百官之情不相稽。」(〈墾令〉)

　　為了不稽延政事，便以官吏來執行人主之法，不必事事聽命於君，這叫做「治不聽君」。但為什麼又說「民不從官」呢？商鞅所謂治不聽君，決不是容許官吏獨行獨斷的意思，因此，他所謂民不從官，也不是人民可以不聽號令，各行其是的意思。而是指在威尊命賤，法重心駭的情況底下，人人都自知畏法循令，而一斷於心而言。故曰：

> 斷家，王；斷官，強；斷君，弱。……有姦必告之，則民斷於心。上令而民知所以應，器成於家而行於官，則事斷於家。故王者刑賞斷於民心，器用斷於家。……治則家斷，亂則君斷。治國者貴下斷，故以十里斷者弱，以五里斷者強。家斷則有餘，故曰日治者王；官斷則不足，故曰夜治者強；君斷則亂，故曰宿治者削。故有道之國，治不聽君，民不從官。(〈說民〉)

　　治國者貴下斷，故斷於君不如斷於官，斷於官不如斷於家，斷於家不如斷於心。斷於家者有餘，斷於官者不足，斷於君者國亂。既然刑賞斷於民心，則人民的行事，便不必跟從官吏了，這便叫做「民不從官」。然而，無論人民斷於心也好，斷於家也好，斷於官也好，其實都是斷於人主之法。本來，明主愛權重信，和不以私害法似乎是矛盾的。因為既不以私害法，便當開誠布公，不得專權獨斷，但商鞅所謂不以私害法，只是要人主不用主觀的智能，而一循於法。他以人主之主觀智能為私，以人主所立之法為公。其實這個所謂公法，決非經民主程序所立

的法，亦不是依人主的良知理性所立的法，而只是把他的利欲
之私客觀化的產物而已。因此，無論私議或公法，都不外是人
主利欲之私的化身，這樣，人主的愛權重信，便與不以私害法
統一起來了。〈修權〉篇云：

> 先王知自議譽私之不可任也，故立法明分，中程者賞之，
> 毀公者誅之。賞誅之法，不失其議，故民不爭；授官予
> 爵，不以其勞，則忠臣不進；行賞賦祿，不稱其功，則
> 戰士不用。

商鞅所謂公法，就是指人主所立的賞罰之法而言，故所謂
貴下斷，實無異貴上斷，所謂斷於官、斷於家、斷於心，實無
異斷於君。這一點是必須弄清楚的，否則我們對商鞅獨裁專制
的政治思想，便無從索解了。朱師轍根據商鞅「治不聽君，民
不從官」的話，斷章取義地以為是行民主法治的證據，亦可謂
不善解了。

由上所述，可見商鞅的強國之術，既不是為了富民，也不
是為了強民，相反地，他只想通過弱民貧民的手段，來達致人
主的國富兵強。他以嚴刑峻法驅民耕戰，不惜踐踏人類的理性
與良知，結果不但如劉向所云，「其遺患漸流至始皇，赤衣塞路，
群盜滿山，卒以亂亡」，而且使中華文化自唐虞三代以來所保育
護持之元氣，亦斲喪無餘，中國自此不振。而章太炎竟然還以
商鞅之法為制度之大名，比擬周之六官，要為商鞅自漢以降二
千年來的定評翻案。而朱師轍更以商鞅之法，比擬西歐，以為
今天中國要推行法治，倡當取法商鞅，不可數典忘宗。凡此云

云，皆對法家思想誤解甚深，若不予糾正，則其遺害於過去者，亦將貽誤於將來，不可不慎。

近人治法家思想，惟熊十力先生獨具隻眼，他在《韓非子評論》（原題「正韓」）一書，謂法家正統，原本《春秋》，商韓之徒，實非法家正統。他說：

> 《春秋》貶天子，退諸侯，討大夫，決不許居上位、竊大柄者，以私意制法，而強民眾以必從。其尊重人民之自由，而依其互相和同協助之公共意力以制法，而公守之，此《春秋》本旨。而晚周法家有得乎此，故曰法原於眾也。今觀韓非之書，於法理全不涉及，只謂法為人主獨持之大物。是法者，徒為君上以己意私定，用以劫持民眾之具。秦之行法，即本於韓非。韓非書不言民主，無所謂民意，其非法家正統甚明。韓非書於社會組織等法制，及維護人民自由等憲章，皆未有半字及之，是何足為法家？

「法原於眾」一語，熊先生以為含無量義，深得《春秋》之旨，與「法籍禮義者，所以禁人君使無擅斷也」等語，同出《淮南子》，此當是晚周法家正統派之說，而《淮南子》采入之。熊先生除申明商韓不得為法家正統外，更對商韓專制思想的毒害，再三痛切言之。他一則說：

> 韓非純是國家主義，其鞭策人民於耕戰，與今世霸國戮力生產與軍備，如出一轍，但不惜禁錮人民思想，摧抑

人民節概，此則不為社會留元氣，未可為訓。……秦行韓非之說，雖併六國，然亦後六國十五年而自亡矣。故霸術用之審而無過甚，則當競爭之世，此其良圖也；用之而過，至人民無自由分，則後禍不堪言，唐虞商周含茹之天下，至秦斵喪而一切無餘，中夏族類，自此弗振，念此，不能不寒心也。

再則曰：

韓非之說，其害之中於國家民族者，二三千年而未拔也。古時有諸子百家之學。百家者，如天文、算學、音律、醫藥、蠶桑、工程、物理、機械等等，皆科學也。諸子如儒、道、名、墨、法、農等等，皆哲學也。自秦政毀棄一切，而永不可復。……民德民智民力，每況愈下，黃農虞夏之胄，永不可振，實自秦政肇開衰運。

三則曰：

韓非以並力耕戰為利出一孔，不惜廢學術，賤行修，塞智慧之門，斷自由之徑，反人道於披毛戴角，侮同類猶圈豕驅羊，自崑吾大彭以來，霸者用術之酷，未有若斯之甚也。

以上為熊先生對韓非的評論，當亦適合於商鞅。法家思想，當國家在危急存亡之秋，主政者為了救亡圖存，將一切力量投入農戰，戮力生產與軍備，不惜犧牲其他人生價值與文化價值，

進行赤裸裸的權力鬥爭。這作為一種權宜之計，不是完全沒有值得同情的地方。但任何一種政治思想，必須自覺到政治的主體是人民，必須尊重個體生命，崇尚獨立自由，肯定由良知與理性所開闢出來的道德與知識。若一味以嚴刑峻法驅民耕戰，以權宜為藉口，以犧牲一切人生文化的價值理想來維護統治者一己的利欲之私，不惜禁錮人民思想，摧抑人民節概，反人道於披毛戴角，侮同類猶圈豕驅羊，使民德民智民力，陷於萬劫不復之地，這是決不能加以容忍的。然而，法家從尊君卑臣，君臣異利的觀點，要人君以下的臣民，無分貴賤，一律受人主之法的制裁，這對於今後民主法治的推行，也可以有他的貢獻。但這必須注意兩點。其一是要把人主之法改為民主之法，使法制隸屬於民眾的共同意志之下，而個別的人君、官吏與百姓，統統隸屬於法制之下。其二是推行法治，也不能專任勢而不任賢。雖說道法萬全，智能多失，但徒善不足以為政，徒法不能以自行的話，還是不可以抹煞的。何況天下之事，總有法制所不及，聞見所未至的倚物怪變，必須有知類明統的人，舉統類而應之。法家專任勢而不任賢，為的是不肯把賞罰之權，假手於人，但在一個民主法治的國度裡，還是容許法官有解釋法律的權威。故無論立法者、司法者與行政人員，亦決無只恃勢而不任賢之理。商君「不貴義而貴法」（〈畫策〉）、「遺賢去知，治之數也。」（〈禁使〉）的話，無疑都是強調過當，不足為法的。

荀學述要

　　荀子之學，自漢以來，備受壓抑，至宋明猶甚。及清中葉，雖注者漸多，但由於孟子主性善，荀子主性惡，一般均將孟荀對立起來，使二家在義理上無法疏通，因而對荀學產生種種誤解。近人更有把荀子劃入法家，以與儒家對壘者。其事雖荒謬背理，亦可見近人對荀學誤解之深。因此，如何闡明荀學之價值與意義，以重建荀子在儒學中應有之地位，實為當前的一重要課題。

　　荀學之基本性格是要弘揚人道，宣揚天生人成的觀念。中國文化自周初人文精神興起以來，人在宇宙間的地位即不斷提高。首先是孔子指出仁是我們生命的高貴本質，也是一切價值理想的泉源。孟子進一步講性善，言仁義禮智根於心，人有可以為善的先天根據。到了荀子，便說「天地生之，聖人成之。」（〈富國〉）「天能生物，不能辨物也；地能載人，不能治人也；宇中萬物，生人之屬，待聖人然後分也。」（〈禮論〉）這便明確地把人的地位，提升為三才之一，與天地並列。孟子著重樹立理想，荀子著重把理想化為現實。因此，由孔子而孟子，由孟子而荀子，彼此相輔相成，實為儒學應有之發展。

　　荀子天生人成的思想，首先要明於天人之分，性偽之分。其目的是要人敬其在己者而不慕其在天者，要人貴重伏術為學，思索孰察之偽，而不徒恃生之所以然之性。

　　《荀子‧天論篇》名義上是講天，實則是要講人。荀子把天分為能生之本體，與所生之自然。能生之本體，可使列星隨旋，日月遞照，四時代御，陰陽大化，風雨博施。更能使萬物各得其和以生，各得其養以成。然而我們卻只見其功而不見其事，只知其所以成，而莫知其無形。因為天職是不為而成，不求而得，神化莫測，不可捉摸的。因此，吾人之智慮雖深，能力雖大，明察雖精，亦不以之加於天道。這便叫做不求知天。

　　然而，能生之本體，如何產生列星、日月、四時、陰陽、風雨、萬物等自然現象雖不可知，但既生這些自然現象以後，這些自然現象便可以為我們所知。人便應當記識這些自然現象之可以期必，可以生息，可以從事，可以為治者，應用於人事之上。這些自然現象有它運行的規律，所謂天行有常，不為堯存，不為桀亡；不為人之惡寒而輟冬，也不為人之惡遼遠而輟廣，故人只要能盡其在我，敬其在己，便可以將吉凶禍福操在自己手上，水旱不能使之饑，寒暑不能使之疾，祆怪不能使之凶。這便叫做知天。

　　《荀子‧天論篇》一面要我們知天，一面要我們不求知天。要知的天，是指可以應用於人事上的自然現象；不求知的天，是指不為而成，不求而得的能生之本體。〈天論篇〉的主旨就是要我們分清楚要求知的天和不要求知的天，要我們明於天人之分。明於天人之分的目的，是要我們著重人道之所宜。故星墜

木鳴等天地之變，並不可畏，人祅才是可畏的。所謂人祅，就是指因為人事不齊而導致的政令不明、舉錯不時、本事不理、禮義不脩、內外無別、男女淫亂、父子相疑、上下乖離、寇難並至、糴貴民飢、道路有死人等而言。荀子認為一切吉凶禍福、安危治亂，全繫於人事，而無關於天道，故曰：「不可以怨天，其道然也。」（〈天論〉）

　　至於荀子所以要反對孟子之性善論，其中一個重要的理由，是以為一主張性善，說人天生就是善的，便不必化師法、積文學、道禮義，不再需要後天人事上的努力。所以他說：「性善則去聖王，息禮義矣；性惡則與聖王，貴禮義矣。」（〈性惡〉）荀子這些看法，當然都是對孟子的誤解。因為孟子並沒有說性善則去聖王。相反地，孟子說性善，從四端指出人有欲善與可以為善的先天根據，正是要人知道人皆可以為堯舜，有為者亦若是，而勉力為善。不過，荀子對孟子有所誤解是一回事，荀子要人在生之所以然的本始材樸之上，伏術為學，專心一志，思索孰察，加日縣久，積善而不息，則與孟子並無二致。荀子認為人在生之所以然之性中，不但有好利惡害，好榮惡辱之性，而且也有欲為善，好禮義辭讓忠信之性，有可以知仁義法正之質，可以能仁義法正之具。人有這些好善的主觀願望與可以為善的主觀能力，孟子便因此而說性善。但荀子認為只有主觀的願望和能力，並不能保證善的實現。荀子所謂善，是指正理平治而言，這是指善在客觀上、現實上的實現而言。故此，人徒有主觀的善的願望，不獨不可稱之為善，反足以證明人性是惡的。故曰：「凡人之欲為善者，為性惡也。」（〈性惡〉）同樣，人

若只有可以為善的能力，也不能因此說性善，因為由可能變為現實，仍要有許多人事上的努力。荀子雖然說「人生而有知……心生而有知。」（〈解蔽〉）「塗之人也，皆有可以知仁義法正之質，皆有可以能仁義法正之具。」（〈性惡〉）但可以並不一定可能。要用人可以為善的能力，把欲為善的願望化為現實，便要學至於全盡，知類明統，兼陳萬物而中懸衡，使心之所可中理合道，然後循理直道，勉力從事，才能把潛能化為現實。所以荀子說：

> 「聖可積而致，然而皆不可積，何也？」曰：「可以而不可使也。故小人可以為君子，而不肯為君子；君子可以為小人，而不肯為小人。小人君子者，未嘗不可以相為也；然而不相為者，可以而不可使也。故塗之人可以為禹，則然；塗之人能為禹，未必然也。雖不能為禹，無害可以為禹。足可以偏行天下，然而未嘗有能偏行天下者也。夫工匠農賈，未嘗不可以相為事也，然而未嘗能相為事也。用此觀之，然則可以為，未必能也；雖不能，無害可以為。然則能不能之與可不可，其不同遠矣，其不可以相為明矣。」（〈性惡〉）

荀子有可不可與能不能之分，正如孟子有能不能與為不為之辨。不過孟子除了就四端指點性善外，也就人有良知良能說性善。而荀子所謂善，既指正理平治而言，則善必須與客觀的禮義法度相配合，不能只就見父自然知孝，見兄自然知弟的道德感情而言。主觀的道德感情要成為客觀的善，必須「伏術為學，專心一志，思索孰察，加日縣久，積善而不息。」（〈性惡〉）

才能達致。因此，他不許說性是善的，只能說「其善者偽也」。但不說性善，其實是可以說性無善無不善的。至於荀子把它說成是惡，亦有矯枉過正的地方。不過，荀子既然為了基於天生人成的原則，把善的標準提高，強調後天人為努力的重要，則他在措詞上雖有過當的地方，也不該把它提升到綱領上來，和孟子的思想完全對立。但世人讀《荀子》，多執著性惡一詞，與孟子對立，這是很可嘆惜的。（請參閱拙著〈荀子善偽論所展示的知識問題〉一文）

　　以上我們從天論與性論，說明了荀子對人為的重視。可是荀子雖重視人為，並沒有否定天或性的應有地位。故聖人雖不求知生之本之天，但〈禮論篇〉卻要我們對它行祭祀。生之所以然之性雖然不是善的，但善卻是性偽合的產物。〈禮論篇〉云：

> 性者，本始材樸也；偽者，文理隆盛也。無性則偽之無所加；無偽則性不能自美；性偽合，然後成聖人之名，一天下之功於是就也。故曰：「天地合而萬物生，陰陽接而變化起，性偽合而天下治。」

　　荀子分天與人，性與偽，以天與性為本始材樸，以人與偽為文理隆盛。善是天生人成與性偽合的結果。他一面叫人制天命而用之，一面卻說天是生之本，要人祭天。一面說性惡，一面卻說人有欲為善與可以為善的質與具，要性偽合而生禮義。可見荀子對天與性，仍保有孔孟的性格。他所以不說天性是善，並不是說天性中沒有孔孟所謂的善，只是說沒有荀子所謂的人為之善而已。荀子所以要對善另下定義，目的是要把善提高到

聖王的地位，不許以善於禽獸為善，並要加強人道的努力而已。

　　荀子言人道，一面要學以美其身，一面要達致群居和一。前者屬於修己之學，後者屬於治人之學。茲分論如下：

　　荀子之學，首重群學。故其〈非十二子篇〉評它囂、魏牟、陳仲、史鰌、慎到、田駢、惠施、鄧析之徒，皆因其不足以合文通治，不足以合大眾明大分，不足以容辨異縣君臣，不可以經國定分，不可以為治綱紀而非之。他在〈王制篇〉認為人「力不若牛，走不若馬，而牛馬為用」，就是因為「人能群，彼不能群。」而君之所以為君，就是因為他善群。

　　然而，何以人能群，禽獸不能群呢？荀子認為這因為人有分有辨，而禽獸則只是烏合之眾。所以他說：「人何以能群？曰：分。」（〈王制〉）又說：「人之所以為人者，非特以二足而無毛也，以其有辨也。」（〈非相〉）

　　人群共處，要達致和一治平的境地，決不能沒有組織。有組織便決不能沒有分別。「曷謂別？貴賤有等，長幼有差，貧富輕重皆有稱者也。」（〈禮論〉）若只是烏合之眾，群而無分，則必物不能贍，勢不能容，眾不相使，結果必然導致國家貧窮，天下大亂。〈榮辱篇〉云：

> 夫貴為天子，富有天下，是人情之所同欲也；然則從人之欲，則埶不能容，物不能贍也。故先王案為之制禮義以分之，使有貴賤之等，長幼之差，知愚能不能之分，皆使人載其事而各得其宜，然後使愨祿多少厚薄之稱，是夫群居和一之道也。

〈禮論篇〉又云：

> 人生而有欲，欲而不得，則不能無求，求而無度量分界，
> 則不能不爭。爭則亂，亂則窮。先王惡其亂也，故制禮
> 義以分之，以養人之欲，給人之求。使欲必不窮乎物，
> 物必不屈於欲，兩者相持而長，是禮之所起也。

人有欲則生，無欲則死，而且人之情，欲多而不欲寡，若
縱人之欲，則必勢不能容，物不能贍。若欲而不得，求而無度
量分界，則不能不爭。爭則亂，亂則窮。故必須制禮義以分之，
使貴賤有等，長幼有序，知愚能不能有別，然後使穀祿多少厚
薄稱其分，這樣才能養人之欲，給人之求，並使欲不窮於物，
物不屈於欲，兩者相持而長。故群而無分，則物不能贍，這是
必須有分的第一個原因。

其次，人群共處，若彼此等齊，毫無差別，君臣不立，上
下不分，便無以相制相使，結果亦只有陷於窮亂之境。這是必
須有分的第二個原因。故〈王制篇〉云：

> 分均則不偏，（高亨曰：偏借為辯。說文辯，治也）埶齊
> 則不壹，眾齊則不使。有天有地，而上下有差；明王始
> 立，而處國有制。夫兩貴之不能相事，兩賤之不能相使，
> 是天數也。埶位齊，而欲惡同，物不能贍，則必爭。爭
> 則亂，亂則窮矣。先王惡其亂也，故制禮義以分之，使
> 有貧、富、貴、賤之等，足以相兼臨者，是養天下之本
> 也。

再其次，由於民不能兼技，人不能兼官，而一人之身，百工之所為備，故必須分工分職，盡倫盡制，然後才能達致至平的境地。故〈榮辱篇〉云：

> 仁人在上，則農以力盡田，賈以察盡財，百工以巧盡械器，士大夫以上，至於公侯，莫不以仁厚知能盡官職，夫是之謂至平。

〈王霸篇〉又云：

> 農分田而耕，賈分貨而販，百工分事而勸，士大夫分職而聽，建國諸侯之君分土而守，三公總方而議；則天子共己而已！出若入若，天下莫不平均，莫不治辨，是百王之所同也，而禮法之大分也。

〈富國篇〉又云：

> 兼足天下之道在明分，掩地表畝，刺中殖穀，多糞肥田，是農夫眾庶之事也。守時力民，進事長功，和齊百姓，使人不偷，是將率之事也。高者不旱，下者不水，寒暑和節，而五穀以時熟，是天下之事也。（王念孫曰：天下之事，當作「天之事」）若夫兼而覆之，兼而愛之，兼而制之，歲雖凶敗水旱，使百姓無凍餒之患，則是聖君賢相之事也。

〈王制篇〉更歷述王者序官之法，百官分職之事。由此可知，人群共居，無度量分界則爭，無上下之別則亂，無分工分

職則窮。故「救患除禍，則莫若明分使群矣。」(〈富國〉)

然則如何才能把辨異顯示出來，表明出來呢？荀子認為「聖王財衍以明辨異」(〈君道〉)，楊倞曰：「衍，饒也。」久保愛曰：「衍，餘也。」故一切富饒及多餘的財用，都是財衍。這指重色而成文章，重味而成珍備，以及撞大鐘、擊鳴鼓、吹竽笙、彈琴瑟、雕琢刻鏤、黼黻文章、芻豢稻粱、五味芬芳等而言。〈富國篇〉云：

> 古者先王分割而等異之也，致使或美或惡，或厚或薄，或佚或樂，或劬或勞，非特以為淫泰夸麗之聲，將以明仁之文，通仁之順也。故為之雕琢刻鏤黼黻文章，使足以辨貴賤而已，不求其觀；為之鐘鼓管磬琴瑟竽笙，使足以辨吉凶合歡定和而已，不求其餘；為之宮室臺榭，使足以避燥濕養德辨輕重而已，不求其外。

分異固然要有美惡厚薄勞佚等客觀的表現，但分異的目的，還是為了群居和一，明分達治而保萬世，並不是為了華美與享樂，故曰不求其觀，不求其餘，不求其外。然而，分異究竟依於什麼原則和標準產生的呢？〈王制篇〉云：

> 人何以能群？曰：分。分何以能行？曰：義。故義以分則和，和則一，一則多力，多力則彊，彊則勝物；故宮室可得而居也。故序四時，裁萬物，兼利天下，無它故焉，得之分義也。

人群共處必須要有分辨，但在人類歷史中，許多社會階級

的劃分都是依於強權而不是本於道義的，荀子卻要用義來分。荀子所建構的禮治社會，好像存在著許多不平等的現象。例如他規定「天子袾裷衣冕，諸侯玄裷衣冕，大夫裨冕，士皮弁服。」（〈富國〉）「天子棺槨七重，諸侯五重，大夫三重，士再重。……天子之喪動四海，屬諸侯。諸侯之喪動通國，屬大夫。大夫之喪動一國，屬脩士。脩士之喪動一鄉，屬朋友。庶人之喪，合族黨，動州里。刑餘罪人之喪，不得合族黨，獨屬妻子，棺槨三寸，衣衾三領，不得飾棺，不得晝行，以昏殣，凡緣而往埋之，反無哭泣之節，無衰麻之服，無親疏月數之等，各反其平，各復其始，已葬埋，若無喪者而止，夫是之謂至辱。」（〈禮論〉）這在我們今天看來，好像都是很不合理的。然而，類似的差別，在我們今天的社會中，依然普遍地存在著。原因是群不能無分，分不能不有賴物質財用把它彰顯出來。不過，荀子的藩飾為了分辨，分辨本於德義，務求「德必稱位，位必稱祿，祿必稱用。……朝無幸位，民無幸生。」（〈富國〉）「雖王公士大夫之子孫，不能屬於禮義，則歸之庶人，雖庶人之子孫也，積文學，正身行，能屬於禮義，則歸之卿相士大夫。」（〈王制〉）可見這些社會上的差等，還是本於正義的。

　　群必須有分，分必須以義理為質，以財物為文，合質與文，便是禮。故〈非相篇〉云：「人道莫不有辨。辨莫大於分，分莫大於禮，禮莫大於聖王。」〈禮論篇〉亦云：「禮者，以財物為用，以貴賤為文，以多少為異，以隆殺為要。」荀子言禮，就是要將一切分別通過文飾把它客觀化，故常說制禮義以分之。又曰：「禮別異」（〈樂論〉），「禮者節之準也」（〈致士〉）。但禮的一切

節制文飾，均要本乎義理，故又曰：「禮也者，理之不可易者也。」（〈樂論〉）

荀子言禮，不但籠罩整個人生問題，也包括了人死的問題。所以說：「禮者，謹於治生死者也。」（〈禮論〉）荀子認為人生問題，首先便要養給人之欲求。故〈禮論篇〉開宗明義便說禮起於養人之欲，給人之求。但由於兼足天下之道在明分。不明分不足以達治，不達治，不足以富國養民，故要得其養，便要好其別。養和別，在荀子看來是孿生的。像墨子大儉約而慢差等，結果只有「尚儉而彌貧，非鬪而日爭，勞苦頓萃而愈無功，愀然憂戚非樂而日不和。」（〈富國〉）故〈君道篇〉云：

> 道者何也？曰：君道也。君者何也？曰：能群也。能群也者何也？曰：善生養人者也，善班治人者也，善顯設人者也，善藩飾人者也。

所謂善班治人是指「天子三公，諸侯一相，大夫擅官，士保職」等分官分職而言。所謂善顯設人，是指「論德而定次，量能而授官，皆使其人載其事而各得其所宜，上賢使之為三公，次賢使之為諸侯，下賢使之為士大夫」等知人善任而言。而所謂善藩飾人，即於以上之分官分職之中，「修冠弁衣裳黼黻文章雕琢刻鏤，皆有等差」，以表明這些分異而言。所以善班治人、善顯設人、善藩飾人三者，都是為了別異。只有明分辨異，才能達致正理平治，富國養民的目的。故曰：

> 故禮者養也；芻豢稻粱，五味調香，所以養口也；椒蘭

芬苾，所以養鼻也；雕琢刻鏤黼黻文章，所以養目也；
鐘鼓管磬琴瑟竽笙，所以養耳也；疏房檖貌越席牀第几
筵，所以養體也。故禮者養也。君子既得其養，又好其
別。（〈禮論〉）

　　荀子論禮，於得其養，好其別之外，又有為了安頓人的願
望和情性者。凡人，生則歡，死則哀，主祭祀則敬，處師旅則
威，這些歡、哀、敬、威之情，若只是質而無文，便不足以合
文通治，故「凡禮，事生，飾歡也；送死，飾哀也；祭祀，飾
敬也；師旅，飾威也；是百王之所同，古今之所一也，未有知
其所由來者也。」（〈禮論〉）這些歡、哀、敬、威之情，有些只
屬於自然情性，有些則完全是孔孟所認為善的道德感情。如像
因對死者有志意思慕之情，忠信愛敬之至，而行祭禮，因天地
為生之本，先祖為類之本，君師為治之本而「上事天，下事地，
尊先祖而隆君師。」（〈禮論〉）則完全是為了報本反始，追養繼
孝、崇德報功。這顯然是為了安頓人的道德情性。他在喪葬之
禮中，要人事死如事生，事亡如事存，亦是為了履行敬始而慎
終，始終如一的君子之道。因為生是人之始，死是人之終，終
始俱善，然後人道備。若厚其生而薄其死，敬其有知而慢其無
知，便是姦人之道，背叛之心。君子以背叛之心待奴僕，尚且
以為羞愧，又何況用以待自己所親愛的人呢？可見荀子論禮，
在養給人之欲求與明分達治之外，還接觸到人的內心世界，道
德宗教的感情，從這些地方去了解，則荀子對人性顯然有很深
邃的認識，不過荀子認為這些性情，都是要後天人事去成就的，

所以才不說它是善。

荀子論禮，無論是為了滿足人好榮惡辱、好利惡害之性，還是為了安頓人志意思慕、忠信愛敬之情，都是站在人道上立言的。〈天論篇〉云：

> 雩而雨，何也？曰：無何也，猶不雩而雨也。日月食而救之，天旱而雩，卜筮然後決大事，非以為得求也，以文之也。故君子以為文，而百姓以為神。以為文則吉，以為神則凶也。

〈禮論篇〉云：

> 祭者，志意思慕之情也，忠信愛敬之至矣，禮節文貌之盛矣，苟非聖人，莫之能知之。聖人明知之，士君子安行之，官人以為守，百姓以成俗。其在君子，以為人道也；其在百姓，以為鬼事也。

把人類的宗教行為，從人道的立場，恰如其分地肯定其價值，既不抹煞主觀的情志，又不由主觀的情志漫出去肯定客觀的鬼神，這是儒家所特有的一種對鬼神的態度。這種態度，荀子表現得最為明確。這使荀子的禮，由治生及於治死，由事存及於事亡，而籠罩了人生文化的全體。故曰：「禮者，人道之極也。」（〈禮論〉）

荀子治人之學，大體如上。以下將略論荀子修己之學。

一般人以為荀子只著重外王之學或治人之學。實則荀子是內聖與外王，修己與治人都是一起講求的。荀子認為學的途徑，

始乎誦經，終乎讀禮，而其目的，則始乎為士，終乎為聖人。

荀子認為生之所以然的天性只是一些本始材樸，若不加上人為的努力，則性不能自美，必學以美其身，然後有以異於禽犢。而荀子所嚮往的理想人格，則有所謂大人、成人和大儒。

什麼叫做大人呢？荀子所謂大人，偏於智性而言，是一個能見四海，論久遠，知萬物，通治亂，經緯天地，制裁自然，智慧圓滿，通達無礙的人格。〈解蔽篇〉云：

> 坐於室而見四海，處於今而論久遠，疏觀萬物而知其情，參稽治亂而通其度，經緯天地，而材官萬物，制割大理，而宇宙裏矣。恢恢廣廣，孰知其極！睪睪廣廣，孰知其德！涫涫紛紛，孰知其形！明參日月，大滿八極，夫是之謂大人。夫惡有蔽矣哉！

至於所謂成人，則偏於德性而言，是一個由知道而體道，由困知勉行而至能定能應的理想人格。〈勸學篇〉云：

> 君子知夫不全不粹之不足以為美也，故誦數以貫之，思索以通之，為其人以處之，除其害者以持養之。使目非是無欲見也，使耳非是無欲聞也，使口非是無欲言也，使心非是無欲慮也。及至其致好之也，目好之五色，耳好之五聲，口好之五味，心利之有天下。是故權利不能傾也，群眾不能移也，天下不能蕩也。生乎由是，死乎由是，夫是之謂德操。德操然後能定，能定然後能應，能定能應，夫是之謂成人。

　　至於所謂大儒，則是仁智兼盡、德慧雙修，窮則可以獨善其身，達則可以兼善天下的理想人格。荀子認為只有像仲尼子弓的人，才足以當之。〈儒效篇〉云：

　　彼大儒者，雖隱於窮閻漏屋，無置錐之地，而王公不能與之爭名。用百里之地，而千里之國，莫能與之爭勝。笞棰暴國，齊一天下，而莫能傾也。是大儒之徵也。其言有類，其行有禮，其舉事無悔，其持險應變曲當；與時遷徙，與世偃仰，千舉萬變，其道一也；是大儒之稽也。其窮也，俗儒笑之；其通也，英傑化之，嵬瑣逃之，邪說畏之，眾人媿之。通則一天下，窮則獨立貴名。天不能死，地不能埋，桀跖之世不能汙，非大儒莫之能立，仲尼子弓是也。

　　荀子的理想人格，有偏於智性的，有偏於德性的。偏於智性的在修養上便偏重知，偏於德性的在修養上便偏重行。而一般都是先知後行。因為「心知道然後可道，可道然後能守道以禁非道。」（〈解蔽〉）故荀子在修己上，也有致知和篤行兩套工夫。

　　以下我們先談談荀子致知的工夫。

　　《荀子》全書，首重在學，故開宗明義曰：「學不可以已。」蓋生之所以然之性，無偽則不能自美，學者必須善假於外物，然後足以美其身。學有覺義與效義，由未知而知為覺，由未能而能為效。致知一方面要有經驗的累積，一方面要有理性的通貫。荀子在知識論上有經驗主義的性格，這是很明顯的，所以

他說「積土成山，風雨興焉；積水成淵，蛟龍生焉；積善成德，而神明自得，聖心備焉。故不積蹞步，無以至千里；不積小流，無以成江海。」（〈勸學〉）但荀子除了有經驗主義的性格外，也有理性主義的性格。〈勸學篇〉云：

> 倫類不通，仁義不一，不足謂善學。學也者，固學一之也。

〈不苟篇〉云：

> 君子位尊而志恭，心小而道大；所聽視者近，而所聞見者遠；是何邪？則操術然也。故千人萬人之情，一人之情是也。天地始者，今日是也。百王之道，後王是也。君子審後王之道，而論於百王之前，若端拜而議。推禮義之統，分是非之分，總天下之要，治海內之眾，若使一人。故操彌約，而事彌大。五寸之矩，盡天下之方也。故君子不下室堂，而海內之情舉積此者，則操術然也。

〈非相篇〉云：

> 欲觀千歲，則數今日；欲知億萬，則審一二；欲知上世，則審周道；欲知周道，則審其人所貴君子。故曰：以近知遠，以一知萬，以微知明，此之謂也。……聖人者，以己度者也。故以人度人，以情度情，以類度類，以說度功，以道觀盡，古今一也。類不悖，雖久同理。

〈儒效篇〉云：

法先王，統禮義，一制度，以淺持博，以古持今，以一持萬；苟仁義之類也，雖在鳥獸之中，若別白黑；倚物怪變，所未嘗聞也，所未嘗見也，卒然起一方，則舉統類而應之，無所儗怎；張法而度之，則晻然若合符節，是大儒者也。

由上可見，荀子致知，不但要學至全盡，而且要知類明統。學者始於誦詩書，終於讀禮樂。詩書只是一些先王之陳跡，故而不切，禮樂則為後王之制度，比較有條理。但制度條文本身無所解說，故必須法其法以求其統類，深知其義，通達其理，才能與時遷移，與世偃仰，千舉萬變，不離其宗。

然而，人在致知之過程中，每每會被一曲之知所障蔽，所謂欲為蔽，惡為蔽，始為蔽，終為蔽，遠為蔽，近為蔽，博為蔽，淺為蔽，古為蔽，今為蔽。凡萬物異，則莫不相為蔽。故必須無欲無惡，無始無終，無近無遠，無博無淺，無古無今。這在荀子便叫做解蔽。培根在致知上主張觀察法，亦謂我們必先去除心中的劇場偶像、市場偶像、洞窟偶像、種族偶像，才能客觀地面對事實。培根所謂偶像，無異荀子所謂蔽，培根要人去除偶像，就無異荀子要人解蔽。人要解蔽，才能顧慮周全。故〈不苟篇〉云：

見其可欲也，則必前後慮其可惡也者；見其可利也，則必前後慮其可害也者；而兼權之，孰計之，然後定其欲惡取捨；如是則常不失陷矣。凡人之患，偏傷之也，見其可欲也，則不慮其可惡也者；見其可利也，則不顧其

可害也者。是以動則必陷，為則必辱，是偏傷之患也。

荀子認為人要免於蔽塞之禍，偏傷之患，除了凡事要瞻前顧後，深思熟慮外，更要在致知之前，有一套養心修心的工夫。因為人知「道」要靠心，若觀物有疑，中心不定，則外物不清，吾慮不清，則不可定然否。《大學》亦云：「心有所忿懥，則不得其正；有所恐懼，則不得其正；有所好樂，則不得其正；有所憂患，則不得其正。心不在焉：視而不見，聽而不聞，食而不知其味。」（心有所忿懥之「心」字，本作「身」，今據程子改。）故荀子有所謂治心之道。

什麼是治心之道呢？〈解蔽篇〉云：

> 治之要在於知道。人何以知道？曰：心。心何以知道？曰：虛壹而靜。

所謂虛，是不因心有舊知而妨礙了接納新知。所謂壹，是不因心能兼知而妨害了它的專一。所謂靜，是不因心有潛意識與下意識的活動而妨害了它的清明。心能修養到虛壹而靜，便叫做大清明，於是宇宙間的萬形萬理都可以呈現在我們的面前，無所偏蔽，這便達到大人的境地。

荀子治心，雖要達致大清明的境地，但養一工夫之次第，則有強、忍、危、微之不同，與人心道心之別。

荀子〈解蔽篇〉「空石之中有人焉」一段，論治心之道的工夫次第，其中頗有錯簡，諸家是正雖多，惟仍有可疑者，今參以己見，將全段重訂如下：

空石之中有人焉，其名曰觙。其為人也，善射以好思。
耳目之欲接，則敗其思；蚊虻之聲聞，則挫其精。是以
闢耳目之欲，而遠蚊虻之聲，閒居靜思則通。思仁若是，
可謂微乎？孟子惡敗而出妻，可謂能自彊矣；未及思也。
有子惡臥而焠掌，可謂能自忍矣；未及好也。闢耳目之
欲，遠蚊虻之聲，可謂危矣；未可謂微也。夫微者至人
也。至人也，何彊何忍何危？故濁明外景，清明內景。
聖人縱其欲，兼其情，而制焉者理矣；夫何彊何忍何危？
故仁者之行道也，無為也；聖人之行道也，無彊也。仁
者之思也恭，聖人之思也樂，此治心之道也。

　　朱子《中庸章句‧序》以「人心惟危，道心惟微，惟精惟
一，允執厥中」為舜所以授禹之道統。他把人心解作生於形氣
之私，道心解作原於性命之正，危是危殆不安之意，微是微妙
難見之意，故必須精察於二者之間而不雜，貞一於道心之正而
不離，必使道心常為一身之主，使人心常聽命於道心，才能使
危者安，微者著，而達致允執厥中的理想。因此，朱子是把「人
心惟危」和「道心惟微」對立起來，把「人心之危」解作劣義
的。荀子對道經「人心之危，道心之微」的解釋，則是把危和
微都解作勝義，故曰：「處一危之，其榮滿側；養一之微，榮矣
而未知。……危微之幾，惟明君子而後能知之。」（〈解蔽〉）

　　荀子認為要心專一，第一步便要如孟子之自強，但孟子怕
妻子影響他的修行而出妻，不及有子為憎惡自己寢臥而焠掌。
因為出妻只是捨棄身外之物，焠掌則有切膚之痛。故養一的第

二步工夫便要如有子般能自忍。但自忍只是忍受身體上的痛苦，尚未進至精神上的凝聚。空石之人，為了集中精神射覆，而關耳目之欲，遠蚊蝱之聲，使心思永遠在戒慎恐懼的狀態下求其集中，這便所謂能自危。說文云：「在高而懼謂之危。」故所謂「人心之危」，不取危殆的意思，而取危懼的意思。人要集中精神，不受外物干擾，首先便要以戒慎恐懼的心情勉力從事，這便叫做「處一危之」。處一危之，結果還是能夠達致其榮滿側的。不過，以戒慎恐懼的心情來處一，未免過分緊張和著跡，因此不能算是治心的最高境界。治心的最高境界是「養一微之」，達到無為無強，何忍何危的境地，出乎自然，行所無事，則一切都會發榮滋長於不知不覺之中，到達了治心的最高境界。可見荀子雖然重視人為之偽，但依然是以無為自然為理想的。

　　當人能以虛壹而靜的大清明心，學至全盡，知類明統，又能解除一切偏蔽，把萬事萬理都鋪陳出來加以計慮權衡，思索熟察，便能為天下生民之屬，長慮顧後制定一些可以保萬世的禮義法度。然而，有了禮義法度而不去身體力行，或只將禮義法度以騰口說，入乎耳，出乎口，口耳之間，只有四寸，這便不足以美其身。故君子之學，必須「入乎耳，箸乎心，布乎四體，形乎動靜。端而言，蝡而動，一可以為法則。」（〈勸學〉）

　　荀子認為，治氣養心，沒有快捷得過循禮而行。因為禮是立中而制節，稱情而立文的，人若循禮而行，便可以變化氣質。故〈修身篇〉曰：

　　　　治氣養心之術，血氣剛強，則柔之以調和；知慮漸深，

則一之以易良；勇膽猛戾，則輔之以道順；齊給便利，則節之以動止；狹隘褊小，則廓之以廣大；卑濕重遲貪利，則抗之以高志；庸眾駑散，則劫之以師友；怠慢僄弃，則炤之以禍災；愚款端愨，則合之以禮樂，通之以思索。凡治氣養心之術，莫徑由禮。

治氣養心，雖然莫徑由禮，卻又莫善於誠。究竟荀子所謂誠是什麼意思呢？〈不苟篇〉云：

君子養心莫善於誠，致誠則無它事矣；唯仁之為守，唯義之為行。誠心守仁則形，形則神，神則能化矣。誠心行義則理，理則明，明則能變矣。變化代興，謂之天德。天不言而人推高焉，地不言而人推厚焉，四時不言而百姓期焉，夫此有常以至其誠者也。君子至德，嘿焉而喻，未施而親，不怒而威；夫此順命，以慎其獨者也。善之為道者，不誠則不獨，不獨則不形，不形則雖作於心，見於色，出於言，民猶若未從也；雖從必疑。天地為大矣，不誠則不能化萬物；聖人為知矣，不誠則不能化萬民；父子為親矣，不誠則疏；君子為尊矣，不誠則卑。夫誠者，君子之所守也，而政事之本也；唯所居以其類至。操之則得之，舍之則失之。操而得之則輕，輕則獨行，獨行而不舍，則濟矣。濟而材盡，長遷而不反其初，則化矣。

荀子主張性惡善偽，他所謂誠，不指性而言，但也不指仁

義善道本身，而是指健行不息地守仁行義。故「誠」不著重在
致知上，而著重在篤行上。能精一不貳地守仁，便叫誠心守仁，
能精一不貳地行義，便叫做誠心行義。故仁義善道，亦須要繼
續不斷地踐行、恆常不息地表現。如果仁義善道的踐行和表現
只如飄風驟雨般稍縱即逝，無以為繼，則父子之親，亦會由親
變疏，君上之尊，亦會由尊變卑，聖人之知，亦不能化萬民。
因為若不能誠於善道，便不會在人所不見之地仍健行不息純亦
不已地為善。若不能在人所不見之地健行不息純亦不已地為善，
則不能使善道實有諸己，而自然流露形著於詞色之間。若不能
使善道實有諸己而自然流露形著於詞色之間，則雖以巧言令色
作狀於外，民眾也不會順從，即使順從亦必引起疑惑。天不言
而人推高，地不言而人推厚，君子不言而喻，未施而親，不怒
而威，都是由於他對善道健行不息，純亦不已所致。「禮者履也」，
人養心雖然莫徑由禮，但行禮由禮而不至於健行不息，純亦不
已，則亦不足以變化氣質，感化萬民。故曰：「養心莫善於誠」。

　　荀子所謂誠，既是擇善固執，要人對善道健行不息，純亦
不已的意思，則由誠心守仁，誠心行義所達致的理想人格，亦
是人為努力的結果。照荀子的觀點說，不但禮義法度是積偽所
生，聖人也是積偽所致，而「誠」本身是擇善固執，孜孜為善
的代名詞，如是，積偽就是致誠，致誠就是積偽，人由真積力
久而至長遷而不反其初，便可以達致聖人的境地。這些話，表
面上和孟子有很大的差別，但孟子雖主張性善，到底也只說「有
為者亦若是」，可見他們同樣重視「人成」，只是對「天生」一
面有不同的評價而已。

　　《荀子》一書，特重擇術，認為「相形不如論心，論心不如擇術。形不勝心，心不勝術。」（〈非相〉）故〈修身篇〉有所謂治氣養心之術，〈不苟篇〉有所謂欲惡取舍之權，〈榮辱篇〉有所謂常安之術與常危之術，〈仲尼篇〉有所謂恃寵處位終身不厭之術，與擅寵於萬乘之國必無後患之術，〈彊國篇〉有所謂力術與義術，〈致士篇〉有所謂衡聽顯幽重明退姦進良之術。凡此等等，包括了修己與治人，亦可見荀子天生人成思想之一斑。

荀學價值根源問題的探討

荀子主張性惡善偽，天生人成。一般人認為荀子所言之天，只是列星隨旋，日月遞照的自然之天，而所言之性，只是好利惡害，懷生畏死的自然之性。因此，無論荀子所言的性與天，都只是生之所以然的本始材樸，無所謂善，善是後天人為之偽所成就的。然而，荀學的目的，卻要我們始乎為士，終乎為聖人，完全是為了成就一些德善與價值。既然人性中沒有善，則善從何來？價值根源在那裡？便成為荀學中一個必須解決的問題。

一般人很容易順著荀子性惡善偽，天生人成的說法，認為荀子既說人性中沒有善，則善一定是客觀外在的。於是有人認為荀子的禮義法度，只是些客觀的權威，並無內在的心性上的根源，不能在人性中有恰當的說明。然而，禮義法度作為一客觀的存在，究竟又是從何而來的呢？這依然是一個問題。於是有人索性把荀子的禮義法度說成是一形而上的實在，認為這些禮義法度，自荀子看來，是自古固存的東西，因而不應再追問這些禮義法度從何而來。

把荀子的禮義法度從人的心性中外推出去，成為只是一個

客觀的存在，或形而上的實在，我們認為是很值得商榷的。因
為荀子自己即曾明確地提出過「今人之性惡，則禮義惡生」的
問題，並且在〈性惡篇〉對這個問題也有了清楚的回答。他說：

> 問者曰：「人之性惡，則禮義惡生?」應之曰：凡禮義者，
> 是生於聖人之偽，非故生於人之性也。故陶人埏埴而為
> 器，然則器生於陶人之偽，非故生於人之性也。故工人
> 斲木而成器，然則器生於工人之偽，非故生於人之性也。
> 聖人積思慮，習偽故，以生禮義而起法度，然則禮義法
> 度者，是生於聖人之偽，非故生於人之性也。（〈性惡〉）

荀子在以上一段文字中，雖然沒有說禮義法度生於人之性，
而只是生於聖人之偽，但禮義法度到底是聖人產生出來的，沒
有聖人去制禮義而起法度，禮義法度是不可能成為一客觀的存
在的，正如沒有陶人埏埴的活動與工人斲木的活動，便不可能
有瓦器的客觀存在一樣。禮義法度既然是聖人所生的，便不可
能是形上的實在。

可是，荀子說「禮義法度者，是生於聖人之偽，非故生於
人之性也」究竟是什麼意思呢？性中如無禮義法度，聖人如何
能生出禮義法度來呢？

我們要指出的是：荀子雖說性中沒有禮義法度，但並沒有
說我們不可以有制禮義而起法度的性。人有可以制禮義而起法
度的性，雖然不等於人性中有禮義法度，但人若能憑藉這可以
制禮義而起法度的性，伏術為學，專心一志，思索孰察，加日
縣久，積善而不息，便能夠實際地制禮義而起法度。不過，人

要能以後天的積偽制作出禮義法度來，必須在先天的本性上有能制作出禮義法度的根源。人性既然是惡的，則善的根源究竟在那裡呢？

於此，我們必須指出：對荀子性惡論的理解，不能一味望文生義。因為荀子所謂性，只是就生之所以然的本始材樸而言。人的生之所以然的本始材樸，不限於懷生畏死，好利惡害等自然情欲，也包括了心知靈明。這和孟子肯定人有大體小體，並無二致。我們決不能說荀子所言的性，只限於動物性。因為「人生而有知……心生而有知」（〈解蔽〉），這生而有的心知，決不是可學而能，可事而成之在人者的偽，而只能是不可學不可事而在天者的性。如果把心劃在性以外，顯然不合荀子性偽的界說。一般人把荀子所講的欲了解為惡，把荀子所講的心了解為純知性的心，因而不能有德性的基礎與價值的根源，這種了解，雖已積非成是，但卻有重新加以檢討的必要。

首先要指出的是：通觀《荀子》全書，並沒有以欲為惡的意思。他在〈正論篇〉反對宋牼以人之情為欲寡而不欲多。在〈正名篇〉則主張「治亂在於心之所可，亡於情之所欲」，又說「所欲雖不可盡，求者猶近盡」。而〈禮論篇〉則謂聖王制禮義，目的即在「養人之欲，給人之求」，使「欲必不窮於物，物必不屈於欲，兩者相持而長」，可見荀子絕無以欲為惡之理。既然惡不在人生而有欲和人生而好利的地方講，然則惡是怎樣產生的呢？荀子認為惡是人一味隨順或放縱人的好利疾惡之性，至於爭奪生而辭讓亡，殘賊生而忠信亡，才是惡。或一味求滿足其欲望而無度量分界，以至於爭奪亂窮，悖禮犯分，才是惡。可

見我們決不能從人生而有欲去講性惡。

　　屬於小體的欲既不是惡，屬於大體的心，更不是惡。因為荀子認為人賴以知道的是心。道是善的，賴以知道的心更不能為惡。因此，無論就小體之欲，或大體之心言，都不能說是惡。可見荀子的性惡論是無根的。他反對孟子的性善論，原意只是說天性不是完善的，善是後天人為之偽的結果。所以我們與其說荀子是性惡論者，不如說他是善偽論者。業師唐君毅先生在《中國哲學原論・導論篇・原心下》云：「荀子整個政治文化之思想，全不能由其性惡觀念以引出，則謂荀子之思想中心在性惡，最為悖理。」

　　現在我們不但要指出荀子的性不是惡，而且有善的根源，這樣才能解答「禮義惡生」和「禮義生於聖人之偽」的問題。

　　荀子說心可以知道，究竟心是如何知道的呢？道是否只是個被認知的對象？心是否只是個純認知的主體呢？道可否由心建構出來？而心又可否是個德性主體呢？

　　荀子所謂道：「非天之道，非地之道，人之所以道也，君子之所道也。」（〈儒效〉）又說：「何謂衡，曰道。」（〈解蔽〉）「道者，天下之正權也。」（〈正名〉）可見道是人權衡得宜，可否中理的產物。權衡得宜，則知禍福之所託；「權不正，則禍託於欲而人以為福，福託於惡而人以為禍。」心之所可中理，則為道；心之所可失理，則非道。故「人無動而不可以不與權俱」（〈正名〉），既然道是人權衡得宜，可否中理的產物，則道決不只是個被認知的對象，而是由人的主體、心的主體建構出來的。

　　一般人了解荀子的心，只從〈解蔽篇〉虛壹而靜的大清明

心去了解，認為荀子的心，是個只能認識客觀事實的認知主體，而非能樹立價值理想的價值主體。因此認為荀子的心，不可能是個可以生禮義而起法度的價值根源。

　　荀子言心，偏重心的知性，而不偏重心的德性，這是可以說的。但若只從心的知性去了解荀子的心，把心的德性完全加以否定，使荀子的禮義法度成為無根之木，無源之水，這完全是一種誤解。因為如果荀子的心只是個認知主體，則當他認知禮義法度時，亦只能把禮義法度作為一些客觀事實或認知對象加以認識。禮義法度作為客觀事實或認知對象，和偏險悖亂之為客觀事實或認知對象是完全沒有分別的。若此，則我們在知禮義法度後，決不可能會進一步在眾多的客觀事實中，擇善固執，守死善道。荀子在〈解蔽篇〉云：「心不可以不知道；心不知道，則不可道而可非道。……心知道然後可道，可道然後能守道以禁非道。」可見荀子的心，是由知道貫串到可道、守道以禁非道的道德實踐上的。他所謂知道，決不是只知道一個客觀事實，而同時也能作價值的抉擇，知道什麼是有價值的道，什麼是沒有價值的非道，有價值的道則肯可之，沒有價值的非道則不肯可之，如是乃能進一步去守道以禁非道。如果我們認為荀子所講的性只是動物性，所講的心只是認知心，心性之中，沒有知善知惡，好善惡惡與為善去惡的能力，便無法解釋荀子何以在知道之外，又能可道、守道以禁非道。唐君毅先生在《中國哲學原論·原道篇·荀子成人文統類之道（上）》一文中，對這個問題，曾有發人深省的一段話。他說：

道如只為一所知之對象，則既知之，即可完成吾人之知
識，人應只有所謂知道，而無所謂行道。然荀子明重行
道以成治去亂，其知道，乃所以為行道。此又何故？……
道既兼為所知與所行，……人於道當不只有一知識的心，
亦有一意志行為的心。……又如荀子之所以重百王之統、
後王之禮制、聖王之師法，純以此統、此禮制、此聖王
之存在為一客觀外在之人文歷史事實，或經驗世界之事
實，則此事實之本身，並不涵具吾人之必當法之之義。
人各有所知之歷史事實或經驗世界之事實，如皆可法，
則何以必以聖王為法？更可問：何以必以聖王為法，而
不以自然界之萬物為法？則荀子之法人中之聖王以為道，
只為荀子個人思想上之偶然，而毫無其一定之理由可說
者。然荀子之言道，必以人道為本，必法聖王，又似非
無其一定之理由者。由此種種之問題，則吾人對荀子所
謂心與道之關係，即不能不別求善解以通之。

　　在上引文字中，唐先生指出人若只能認識客觀事實，則對
荀子何以必以聖王為法，便無從索解。因為就事實而言，有自
然界的事實，有人文界的事實。就人文界的事實而言，有聖人
之事，亦有凡人之事。如果人只有一個認知心，何以荀子不法
自然，不法凡人，而必以人道為本，必以聖王為法呢？荀子必
以聖王為法，決非思想上之偶然，而必有一定之理由。這理由
必須從心與道的關係上找。所以唐先生說：「吾人對荀子所謂心
與道的關係，即不能不別求善解以通之。」這實在是極具啟發性

的。以下我們試循著唐先生的啟示，嘗試對荀子心與道的關係別求善解。

要善解荀子的心性，必不能只從動物性與認識心去了解。因為荀學的根本目的既不在於情欲的滿足，亦不在於知識的追求，而是要盡倫盡制，成聖成王，使人生文化達致至善的境地。這是荀子所以為儒家的根本理由所在。荀子要我們以虛壹而靜的大清明心去學至全盡，知類明統，以求成就知識，其終極目的，依然是要成聖成王，達致人生文化的終極理想。他這種為道德而知識，而非為知識而知識的態度，在〈解蔽篇〉表示得最清楚明白。他說：

> 凡以知人之性也，可以知物之理也。以可知人之性，求可以知物之理，而無所疑止之，則沒世窮年不能徧也。其所以貫理焉雖億萬，已不足以浹萬物之變，與愚者若一；學，老身長子，而與愚者若一；猶不知錯，夫是之謂妄人。故學也者，固學止之也。惡乎止之？曰：止諸至足。曷謂至足？曰：聖王。（「王」本作「也」，今據梁啟超改）聖也者，盡倫者也；王也者，盡制者也；兩盡者，足以為天下極矣。……傳曰：「析辭而為察，言物而為辨，君子賤之。博聞彊志，不合王制，君子賤之。」此之謂也。

人有以知之性，物有可以知之理，如果荀子的心純粹是一認知心，大可以馳騁我們的心知於一切物理之上，而不必有所凝止。但荀子卻不然，他說「學也者，固學止之也」，而且要我

們止於聖王。由上可知，荀子的知性活動，是受著德性的節制的。不受德性節制的純知性活動，如析辭而為察，言物而為辨，博聞強記，不合王制者，都是荀子所不取的。而這能夠節制、駕馭、規範、主宰知性活動的心，可以說就是一個德性心。可見荀子在認知心以外，顯然還肯定一個德性心，或在心的知性外，還肯定心的德性。

要說明荀子的心同時是個德性心或同時具有德性的成分，我們可以通過他肯定人有知善知惡的道德良知，好善惡惡的道德感情，和為善去惡的道德意願去加以說明。

關於人有知善知惡的道德良知一點，荀子在〈解蔽篇〉說「人生而有知」、「心生而有知」，而這生而有的知，不止是個認知客觀事實的知，而同時是個知「道」的知，知「仁義法正」之知。故〈解蔽篇〉云「心不可以不知道」，又說「人何以知道？曰：心。」〈性惡篇〉也說：「塗之人也，皆有可以知仁義法正之質，皆有可以能仁義法正之具。」這知「道」之知，與知「仁義法正」之知，絕非把道與仁義法正當作一些客觀事實或知識對象去知，而是把道與仁義法正當作一價值意義去知。因此，心生而有的知，既是知長馬之長的知，亦是知長人之長的知，既是知青紅皂白的知，又是知仁義禮智之知。

一般人從〈禮論篇〉「人生而有欲」，〈性惡篇〉「今人之性，生而有好利焉」的話，誤以為人生而有的，止有欲利，於是說荀子只肯定人的動物性。又從〈解蔽篇〉「人何以知道？曰：心。心何以知？曰：虛壹而靜」的話，誤以為荀子的心，只是個認知外物的大清明心。實則荀子一方面說「人生而有欲」，另一方

面亦說「人生而有知」；一方面說心如明鏡，心如槃水，另一方面也說心為形之君，神明之主。這都是在行文上的方便說法，要了解荀子的全豹，必須將各種方便說法加以綜合。荀子自己對人性作出比較全面的綜合說明還是有的。〈大略篇〉云：

> 義與利者，人之所兩有也。雖堯舜不能去民之欲利，然而能使其欲利不克其好義也。雖桀紂亦不能去民之好義，然而能使其好義不勝其欲利也。故義勝利者為治世，利克義者為亂世。

荀子認為義與利，乃人之兩有，雖桀紂在位，亦不能去民之好義，可見好義是不離其樸，不離其資的本性。這一好義的本性，〈彊國篇〉引申為好禮義辭讓忠信，惡汙漫爭奪貪利之性。不過，我們既不能根據〈彊國篇〉「桀紂者善為人所惡也，而湯武者善為人所好也。人之所惡何也？曰：汙漫爭奪貪利是也。人之所好者何也？曰：禮義辭讓忠信是也」的話，說荀子主張人只有好禮義辭讓忠信，惡汙漫爭奪貪利之性；也不能根據〈性惡篇〉「今人之性，生而有好利焉，順是，故爭奪生而辭讓亡焉」的話，說荀子主張人只有好利疾惡而無辭讓忠信之性。荀子謂義與利，人之兩有，正如董仲舒說仁與貪，兩在於身。這和孟子同時肯定人有屬於大體的仁義禮智之心，與屬於小體的耳目口鼻之欲，都是對人性作出的綜合的說明。

荀子在指出義與利是人之兩有之外，更進一步指出人之所以為人，人之所以異於禽獸的本質之性，在於人有辨義的能力，而不是那些好利疾惡之性。〈非相篇〉云：

> 人之所以為人者，非特以二足而無毛也，以其有辨也。
> ……夫禽獸有父子，而無父子之親；有牝牡，而無男女
> 之別。故人道莫不有辨。辨莫大於分，分莫大於禮，禮
> 莫大於聖王。

〈王制篇〉也說：

> 水火有氣而無生，草木有生而無知，禽獸有知而無義；
> 人有氣有生有知亦且有義，故最為天下貴也。力不若牛，
> 走不若馬，而牛馬為用，何也？曰：人能群，彼不能群
> 也。人何以能群？曰：分。分何以能行？曰：義。

　　荀子在以上兩段文字，清楚地標示著人是不同於禽獸的。
而且人和禽獸的不同，也不止是類不同。「二足而無毛」是人和
禽獸類不同的地方，但人和禽獸的不同，尚有本質上的差別，
那就是人是有分有辨的。這裡所說的分辨，不重在說知識上的
分辨，而重在說道德上的分辨。故曰「辨莫大於分，分莫大於
禮，禮莫大於聖王。」這種屬於聖王和禮分上的分辨，當然不止
是知識上的分辨，而應當同時是道德上的分辨。而聖王之所以
能有這種道德上的分辨，歸根究柢是由於人有義。故曰：「分何
以能行？曰：義。」荀學的最大目的是止於聖王。止於聖王，就
是止於至善。止於至善之所以可能，是由於人有義。有義才有
辨，有辨才有禮，有禮才有聖王，因此，義便是一切價值的基
礎，至善的根源；而義又是人生而有，雖桀紂在位亦不會離其
樸，離其資的本質之性，可見人性自有知善知惡的能力作為一

切道德的基礎，價值的根源。

　　關於人有好善惡惡的道德感情一點：荀子不但在〈彊國篇〉說人有惡汙漫爭奪貪利，好禮義辭讓忠信之性，而且〈性惡篇〉也說：「人之欲為善。為性惡也。」人之欲善而惡惡，好禮義辭讓忠信而惡汙漫爭奪貪利，何以證明其為天生之性，而不是後得之偽呢？因為人之欲為善，和人之為禮義辭讓忠信，都是個全稱命題，是斷說人的一種普遍性。這一普遍性，只能是不可學不可事而在天者之性，而不可能是可學而能可事而成之在人者之偽。而且荀子說「人之欲為善」，是要證明惡是人之性，而不是人之偽，如果「人之欲為善」是偽而不是性，則他由「苟無之中者，必求於外」所能推出的結論，亦只能是「為偽惡也」，而不能是「為性惡也」。今荀子既要以「人之欲為善」推證性惡，因此「人之欲為善」只能是性，不能是偽。而且人之好義，雖桀紂在位亦不能去除，可見好義是不離其樸，不離其資的性，而非後天獲得之偽。此外荀子還指出這些欲治惡亂，好善惡惡的道德感情和道德願望，是聖王所以要制禮作樂的根據。〈禮論篇〉云：

　　　人生而有欲，欲而不得，則不能無求，求而無度量分界，
　　　則不能不爭。爭則亂，亂則窮。先王惡其亂也，故制禮
　　　義以分之。

　　〈樂論篇〉云：

　　　人不能不樂；樂則不能無形；形而不為道，則不能無亂。

先王惡其亂也，故制雅頌之聲以道之。

由於人生而有欲，欲而無禮則亂，先王一方面有惡亂之情，一方面要養人之欲，因而制禮。故曰：「禮者理也」、「禮者養也」。由於人不能不樂，樂而不為道則亂，先王一方面有惡亂之情，一方面要導人之情，因而作樂。故曰：「樂者和也」、「樂者樂也」。可見禮樂的所由起，一方面為了聖王有好治惡亂之情，一方面為了人群有欲樂之情，聖王為了好治惡亂而制作禮樂，以養人之欲，道人之情，則禮樂之生起，完全為了實現生命主體的價值理想；離開了生命主體所追求實現的價值理想，把禮樂看作一非理性的外在權威或自古固存的形上實在，都會使禮樂成為非人道的、不近情理的東西，這和荀子論禮要「稱情而立文」，論樂要「情深而文明」，完全扣緊人的情性而言禮樂的本意，不啻南轅北轍，背道而馳。

荀子論禮，認為人有吉凶憂愉之情。發於顏色，而有說豫娩澤、憂戚萃惡之色；發於聲音，而有歌謠謸笑、哭泣諦號之聲；發於飲食，而有稻粱酒醴、菽藿酒漿之味；發於衣服，而有黼黻文織、菲繐菅屨之衣；發於居處，而有床第几筵、席薪枕塊之居。故這些表現於顏色、聲音、飲食、衣服、居處的禮制，都是發自人的吉凶憂愉之情。這些吉凶憂愉之情，雖然異於好治惡亂的道德感情，但至少也是禮樂所要對治、所要文飾的本始材樸。聖王制禮作樂，就是要對這些本始材樸「斷之繼之，博之淺之，益之損之，類之盡之，盛之美之，使本末終始莫不順比，足以為萬世則。」（〈禮論〉）可見禮樂是不能離開生

命主體去加以說明的。

尤有進者，荀子在〈禮論篇〉要我們祭天地、祭先祖、祭君師，理由是：「天地者，生之本也；先祖者，類之本也；君師者，治之本也。」因此我們所以要行祭祀之禮，不是因為祭祀之禮是外在的權威或形上的實在，而是由於我們的生命主體原有報本反始之心，追養繼孝之情，崇德報功之念。故曰：「祭者，志意思慕之情也，忠信愛敬之至矣，禮節文貌之盛矣。」（〈禮論〉）人如果沒有志意思慕之情、忠信愛敬之至，便不會有禮節文貌之盛。而所有這些報本反始、追養繼孝、崇德報功等志意思慕、忠信愛敬之情，與好治而惡亂，好禮義辭讓忠信而惡汙漫爭奪貪利之情，不能不說是一些道德的感情。禮樂就是以這些道德感情為其根源的。所以荀子說：「禮以順人心為本，故亡於《禮經》而順人心者，皆禮也。」（〈大略〉）又說：「樂也者，和之不可變者也；禮也者，理之不可易者也。樂合同，禮別異；禮樂之統，管乎人心矣。」（〈樂論〉）如果我們把「管乎人心」的禮樂之統，了解為完全離開人心的外在權威或形上實在，何以荀子說亡於《禮經》，為《禮經》所不載的，只要順於人心，都是禮呢？可見將荀子的禮樂，完全從人性中游離出去，失落了它在主體中的價值根源，而成為一純客觀的存在，或自古固存，先天地生的形上實在，應該是一個非常嚴重的錯誤。

關於人有為善去惡的道德意志一點，唐君毅先生曾就荀子言道兼知與行，而謂人不只有一知識的心，亦有一意志行為的心。這裡所謂意志行為，當然包括道德意志與道德行為而言。人在知是知非，知善知惡以後，還有一是是非非，為善去惡的

道德意志，要我們躬行實踐所知之道，使之實有諸己。對於認知心，荀子要我們「養之以清」（〈解蔽〉）。對於意志行為心，荀子卻說「養心莫善於誠」（〈不苟〉）。荀子所謂誠，是指貫徹我們的道德意志去為善去惡的意思，這亦可說就是篤行。因為只有唯仁之為守，唯義之為行，誠心守仁，誠心行義，才能使我們由博學、審問、慎思、明辨而來的善道實有諸己，使我們化性起偽，長遷而不返其初。這樣我們的整個道德活動才完成。荀子要我們由知道而可道，由可道而守道以禁非道，是要由知直接貫注到行，因此他知道之知，也不可能只是觀照之知或認知之知，而必有道德的意志、價值的抉擇貫注其中。

　　荀子在〈解蔽篇〉要我們從蔽於一曲而闇於大理的蔽塞中解放出來，並歷述許多人的種種蔽塞，最後舉出一個不蔽的理想人格來，那就是孔子。但他說孔子不蔽，不只從知性上講，也從仁性上講，所以說「孔子仁知且不蔽」。可見荀子解蔽，是關連著仁性與德性講的。〈不苟篇〉云：「公生明，偏生闇，端愨生通，詐偽生塞，誠信生神，夸誕生惑。」明、闇、通、塞、神、惑，都是智性上的事，但公、偏、端愨、詐偽、誠信、夸誕，則屬於德性上的事，故要解除知性上的蔽塞，亦必須有德性的基礎和工夫。

　　荀子在〈解蔽篇〉除了從虛壹而靜的大清明說心，謂心如槃水，可以清明鑑物外，也說：「心者，形之君也，而神明之主也；出令而無所受令。自禁也，自使也，自奪也，自取也，自行也，自止也。故口可劫而使墨云，形可劫而使詘申；心不可劫而使易意，是之則受，非之則辭。」如心只是個如槃水鑑物的

知性心，則我們的心便只能受令而不能出令，只能隨順外在事物的行止而行止，而無所謂自禁、自使、自奪、自取、自行、自止。荀子的心不但能照見是非，是的說它是，非的說它非，而且有不可劫持的強烈的道德意志，是的才接受它，非的便推辭它。這種為善去惡的道德意志，可以做到權利不能傾，群眾不能移，天下不能蕩，生乎由是，死乎由是的地步，荀子叫做德操。試問這樣一個形之君，神明之主的心，怎能只是個認知主體，而不同時為一道德主體或價值主體呢？

由上可知，荀子雖然主張性惡，但同時也主張人有知善、好善、為善的道德良知、道德感情和道德意志。不過荀子並不以為人有知善、好善、為善的主觀能力便是善。他所謂善，是就果地說，而不就因地說，是指客觀上達致正理平治的效果說，而不就我們主觀上有可以為善的能力說。因此，他在〈性惡篇〉云：「凡古今天下之所謂善者，正理平治也；所謂惡者，偏險悖亂也；是善惡之分也。」這和孟子說：「乃若其情；則可以為善矣，乃所謂善也。」（《孟子‧告子上》）顯然對善的解釋，有不同的取義。

荀子在〈禮論篇〉云：

性者，本始材樸也；偽者，文理隆盛也。無性則偽之無所加；無偽則性不能自美；性偽合，然後成聖人之名，一天下之功於是就也。故曰：天地合而萬物生，陰陽接而變化起，性偽合而天下治。天能生物，不能辨物也，地能載人，不能治人也；宇中萬物，生人之屬，待聖人

然後分也。

這裡說天能生物而不能辨物，地能載人而不能治人，天性之中，只有本始材樸，如果不加上文理隆盛之偽，便不能自美，故必須性偽合而禮義生，性偽合而天下治，性偽合然後成聖人之名。荀子所謂道，「非天之道，非地之道，人之所以道也，君子之所道也。」（〈儒效〉）故繼天成善，化性成德的關鍵，落在人的分上說，人成為三才之一，而且是一切美善的根源。所以〈富國篇〉說：「天地生之，聖人成之。」〈君道篇〉說：「君子者，法之原也。」〈修身篇〉說：「師者所以正禮也。」〈王制篇〉也說：「天地者，生之始也，禮義者，治之始也，君子者，禮義之始也。」這都是把價值的根源，落在人的主體上說。近人讀《荀子》，竟把三才之一的人，貶抑為只有動物性，只有認識心，這真是一件不可思議的事。

荀子肯定人有知善、好善、為善的道德良知、道德感情和道德意志等可以為善的先天根據，照理便可以說性善，荀子所以不據此說性善，原因有二。其一為人有這些可以為善的先天根據，不等於當下實已是善。於此荀子嚴格地分開可以和可能，認為可以未必可能。故〈性惡篇〉說：

> 「聖可積而致，然而皆不可積，何也？」曰：可以而不可
> 使也。故小人可以為君子，而不肯為君子；君子可以為
> 小人，而不肯為小人，小人君子者，未嘗不可以相為也；
> 然而不相為者，可以而不可使也。故塗之人可以為禹，
> 則然；塗之人能為禹，未必然也。……夫工匠農賈，未

嘗不可以相為事也，然而未嘗能相為事也。用此觀之，然則可以為，未必能也；雖不能，無害可以為。然則能不能之與可不可，其不同遠矣，其不可以相為明矣。

依照荀子的用語，人有可以為善的先天根據，並不等於現實上已有善，現實上的善是性偽合的產物，天生之性不是完善的，加上人為之偽才能達致完善。所謂性之惡，是對照偽之善而言的。恰當的了解，荀子所謂性，無論指心而言或指欲而言，均無所謂善，亦無所謂惡。荀子說性惡，是強調過當，容易引起誤解，所以我們主張把它改為善偽論，而非性惡論。唐君毅先生在《中國哲學原論・導論篇・原心下》云：

> 荀子〈性惡篇〉，承認人之欲為善。夫人性既惡，欲為善者誰邪？則此只能是指人心之自有一超拔乎惡性，以求知道中理而為善之能也。此處豈不是反證人心之善耶？然荀子之所以終不說人心之性善者，則以彼說人之欲為善，不過可以為善。……可以為未必實為，則欲為善亦不必實善，故終不說人心之性善也。於此，吾人如依孟子之教言，則欲為善，雖不必實為善，然此欲為善之心，畢竟當下實已是善。

唐先生的批評甚是，但不等於說荀子之言為非。我們可以肯定孟子的性善論，同時肯定荀子的性惡論，只要我們把他們用字的意義釐清，孟荀之說，並非不可兩立。

荀子所以不據人有可以為善的先天根據以言性善的第二個

理由，因為這點先天根據即使是善的，也只是本始材樸之善，而非文理隆盛之善。君子與小人一也的本始材樸之善，是不可以與聖王的文理隆盛相提並論的。在此我們可以借董仲舒的話加以說明。董仲舒沿襲荀子，主張天生人成。他不說性惡，而主張性未善，善有待於王教。他在《春秋繁露‧實性》篇云：

> 善如米，性如禾。禾雖出米，而禾未可謂米也。性雖出善，而性未可謂善也。米與善，人之繼天而成於外也。非在天所為之內也。天所為有所至而止。止之內謂之天，止之外謂之王教。王教在性外，而性不得不遂。故曰：性有善質，而未能為善也。

〈深察名號〉篇又云：

> 或曰：性有善端，心有善質，尚安非善？應之曰……性有善端，動之愛父母，善於禽獸，則謂之善，此孟子之善。循三綱五紀，通八端之理，忠信而博愛，敦厚而好禮，乃可謂善，此聖人之善也。……質於禽獸之性，則萬民之性善矣，質於人道之善，則民性弗及也。萬民之性，善於禽獸者，許之，聖人之所謂善者，弗許。吾質之命性者異孟子。孟子下質於禽獸之所為，故曰性已善，吾上質於聖人之所為，故謂性未善。善過性，聖人過善。

董仲舒說孟子言性善，只就人性善於禽獸的地方說善，這也不算錯，因為孟子也說人之所以異於禽獸者幾希。不過，孟子這幾希之性，不自氣上言不自生上言，也不自知上言，而自

義上言。人所以異於水火、草木與禽獸者即在於人有義，所謂
「人有氣有生有知亦且有義故最為天下貴也。」這幾希之性，若
能善於存養擴充，雖然可以上達至聖人之善，不過孟子所謂善，
確不專指聖人之善而言。這是孟荀用詞各有取義的地方。董仲
舒在此並不否定性有善端，心有善質，也不否定禾可出米，性
可出善。三綱、五紀、八端之理，忠信而博愛，敦厚而好禮，
雖然都是從性中出，但董仲舒卻要分個天人內外。王教屬於外，
天性屬於內。屬於外的王教，雖是聖人之偽，但聖人所以能起
偽，自荀子言，依然是本於性，不過有先天後天之分而已。董
仲舒這些意思，和荀子的本意，應該是完全一致的。

　　荀子認為王教在性外，禮義法度生於聖人之偽，不是說王
教是離開人性的外在權威或形上實在，只是說王教和禮義法度，
除了根據我們主觀的道德意願外，還要靠賴客觀的知識。因為
「離道而內自擇，則不知禍福之所託。」（〈正名〉）他批評孟子
「幽隱而無說，閉約而無解」，大體都是從孟子只重主觀的願望，
而缺乏客觀的知識立論。荀子所謂善，是扣緊善的實現講的，
必須於重視主觀的道德願望外，更重視如何實現這些願望的客
觀知識，人只有善用知善知惡和為善去惡的能力，才能達成我
們好善惡惡的願望。善原是我們主觀的價值理想，善的實現是
要將主觀的價值理想實現在客觀環境中，因此必須照顧到客觀
環境的條件與情況，若我們對客觀世界的事理不明，一味自事
其心，求心之所安，則我們縱有許多悲懷宏願，亦只能退藏於
密，不但無法達致兼善天下的目的，即使獨善其身，亦不能無
憾。而且荀子認為「亂國之君，亂家之人，此其誠心莫不求正

而以自為也，妬繆於道而人誘其所迨也。」（〈解蔽〉）所以荀子往往不感慨人的道德衰敗，而感慨人的知識淺陋。〈榮辱篇〉云：

> 為堯禹則常安樂，為桀跖則常危辱，為堯禹則常愉佚，為工匠農賈則常煩勞。然而人力為此而寡為彼，何也？曰：陋也。……陋也者，天下之公患也，人之大殃大害也。

孟子和荀子的不同，不在於孟子講義內，荀子講義外。人生而有知，知而有義，是孟荀同樣肯定的。但有了主觀的義之後，荀子認為不等於有了善，善是從客觀上的正理平治講的，必須結合著實現這些義的合理途徑與有效方法，才能由義達致善。義是應該做的問題，善是應該做加上如何做的問題，故屬於義的實現的問題，便必然牽涉到一些客觀知識。如果我們只講主觀理想，幽隱而無說，閉約而無解，離道而內自擇，則不知禍福之所託，這就荀子而言，便不能算是善。因此荀子特別注重知識問題。我們有了義（主觀的價值理想）以後，學至全盡，知類明統，兼陳萬物而中懸衡，定出欲惡取舍之權，這才能從一切偏蔽中解放出來，得出一個最允當的道。所以荀子說：「何謂衡？曰：道。」（〈解蔽〉）又曰：「道者，古今之正權也。」（〈正名〉）因為實現價值理想的途徑是雜多的，譬如就政治立法而言，荀子便說有王者之法，有霸者之法，有強國之法，有亡國之法，如果我們不能學至全盡，知類明統，把一切可能情況都統統擺列出來，然後加以權衡計慮，深思熟察，便不可能得出一個「唯其當之為貴」的道。不過，荀子重視知識，不等

於不重視道德，因為道德才是荀子重視知識的結穴處。近人把孟子的心判別為德性心，把荀子的心判別為認識心，就其偏重而言，雖然可說，但因此誤認孟子的心完全沒有知性，荀子的心，完全沒有德性，便難免推論過當之譏。（拙著《先秦諸子論叢‧荀子善偽論所展示的知識問題》一文，可資參考）

最後我們來討論一下荀子所講的天。一般人認為荀子所講的天，只是個沒有道德意義的自然之天，正如他們認為荀子所講的性，只是個沒有道德意義的動物之性一樣。實則這樣去了解荀子所講的性、天，都是有問題的。荀子為了重視後天人為之偽，以性天為不足，須以後天人為的努力補足之，因而說天生人成，性惡善偽，這都是不錯的。但荀子在〈榮辱篇〉說「天生烝民」，〈富國篇〉說「天地生之」，〈賦篇〉說「皇天隆物」，〈大略篇〉說「天之生民，非為君也，天之立君，以為民也」。其中所說天之生，不只是個毫無道德意義的自然現象，而是一種德性。所以〈不苟篇〉說只有至誠的天德，才能變化代興，生化萬物。不誠則不獨，不獨則不形，誠則形，形則神，神則能化，故曰：「天地為大矣，不誠則不能化萬物。」又曰：「變化代興，謂之天德。」此外〈禮論篇〉更要我們對生之始的天地感恩戴德，報本反始而行祭祀。可見荀子並非只以天為一認知的對象或被治的對象，更認為天是個敬事的對象，這和《易傳》說「天地之大德曰生」，並無二致。

荀子所講的天，有所生的現象和生生的本體之別。生生的本體雖然能使列星隨旋，日月遞照，四時代御，陰陽大化，風雨博施，又能使萬物各得其和以生，各得其養以成，但卻不見

其事而見其功，皆知其所以成，而莫知其無形。這些天職、天功，都是不為而成、不求而得的，故雖深不加慮，雖大不加能，雖精不加察，荀子在〈天論篇〉便叫做不求知天，不與天爭職。

天職天功之所以然，我們雖不求知，但天職既立，天功既成以後，人有了天官、天君，聖人便當清其天君，正其天官，備其天養，順其天政，養其天情，以全其天功。

人怎樣才能成全天功呢？這便要對可以期必，可以生息，可以從事，可以為治的種種有常的自然現象，加以記識，然後物畜而制之，制天命而用之，應時而使之，騁能而化之，理物而勿失之。總之，要以恰當的人道應之，則天不能貧，天不能病，天不能禍，這便叫做知天。荀子所謂知天，不是要我知道那「不見其事而見其功；……皆知其所以成而莫知其無形」的本體之天，而是要我們知那可以應用於人事上的有常的自然現象。這便叫做明於天人之分。荀子要我們明於天人之分，目的是要我們知道「天有其時，地有其材，人有其治。」不可舍其所以參之人事，而一味願慕所參的天道，不可慕其在天者，而當敬其在己者，故《荀子・天論篇》的重點，依然在人道而不在天道。荀子在人道所能控制的自然現象之外，對傳統上具備生生之德的天道，還是加以肯定的。所生的現象之天，是知識的對象，能生的本體之天，是敬事的對象，必須合二為一，才是荀子論天的本旨。

由此可見，荀子雖然重視知識心，未嘗不講德性心，雖重自然之天，未嘗不講德性之天。性、天既然都有道德的意義，則性、天依然可以是一切價值的根源，聖人本於性、天而起偽，

本於性天而制禮義而起法度，實是件順理成章的事。而近人每每從性惡論出發，作純理的推演，認為荀學矛盾百出，或則把荀子推入唯物主義陣營，與孟子對壘，這都是由於對荀學系統缺乏同情了解所引致的誤解。這些誤解，不但對荀學造成損害，也對儒學造成損害。這是必須加以澄清的。

　　以上所論，多與時賢往哲不合，非敢立異，實有不得已於言者，幸方聞君子，不吝賜教。

甲子年臘月訂正於香港中文大學

荀子言「心可以知道」釋疑

　　《荀子・堯問篇》謂荀卿懷大聖之心，其遺言餘教，孔子不過；只因迫於亂世，䲭於嚴刑，上無賢主，下遇暴秦，是以名聲不白，光輝不博。然而，荀學淵懿博瑋，在秦漢之際，有韓非、李斯為其弟子，董仲舒、王充為其流亞，而《大學》、《中庸》、《易傳》、《禮記》皆深受其影響，亦不可謂光輝不博。惟漢文帝列《孟子》於學官，立博士傳授，推崇有加；以荀子與孟子持義有別，不與《孟子》同列。揚孟抑荀，乃自此始。至宋明理學興起，揚孟抑荀之風尤烈，遂使荀學聲沉影寂，不復為儒者所重。

　　孔子仁智兼備，孟、荀皆推尊孔子，皆以成就內聖外王為目的。惟孟子偏於仁，荀子偏於智。苟能以此所長，補彼所短，必能使儒學獲致充實而飽滿之發展。今將荀學視同異端，使儒學於重智一面，有所偏廢，實為中國文化成長中之一大憾事。

　　揚孟抑荀之風，緣於孟子道性善，荀子道性惡。學者不求甚解，誤認兩家之說，如水火之不相容。如欲和會兩家，使之合流，共赴大海，則必須對荀子性惡之說，排難解紛。作者在〈荀子善偽論所展示的知識問題〉（見《先秦諸子論叢》）及〈荀

學述要〉、〈荀學價值根源問題的探討〉諸文中，曾有所疏解。
今再就荀子言心與道之關係，申述如下：

　　孟子論性善，認為人有良知良能。良知知善知惡，良能為
善去惡。性善是就人有可以為善的先天根據而言，故〈告子上〉
云：「乃若其情，則可以為善矣，乃所謂善也。」荀子言性惡，
認為人性中沒有與生俱來之善，也沒有與生俱來的惡。〈性惡篇〉
所謂「惡」，是指爭奪生而辭讓亡、殘賊生而忠信亡、淫亂生而
禮義文理亡而言。但這些「惡」，不是與生俱來的，而是人在後
天一味順任好利、疾惡、好聲色等情欲時，才有這些「惡」。人
有好利之性，不等於只有好利之性；正如人有情欲，不等於沒
有心知一樣。在《荀子》書中，曾清楚地說明人有好利之性外，
亦有好義欲善之性。今引述如下：

　　〈大略篇〉云：「義與利者，人之所兩有也。」

　　〈性惡篇〉云：「凡人之欲為善者，為性惡也。」

　　〈彊國篇〉云：「人之所惡何也？曰：汙漫爭奪貪利是也。
　　人之所好者何也？曰：禮義辭讓忠信是也。」

　　〈王制篇〉云：「水火有氣而無生，草木有生而無知，禽
　　獸有知而無義。人有氣有生有知亦且有義，故最為天下
　　貴也。」

　　〈非相篇〉云：「人之所以為人者，非特以其二足而無毛
　　也，以其有辨也。……辨莫大於分，分莫大於禮，禮莫
　　大於聖王。」

　　荀子既然要以「人之欲為善」證明性惡，則「人之欲為善」

必然是與生俱來的、普遍而必然的性。「辨」既然是通向禮、分
與聖王的根據，則這個「辨」必然不止於辨物，而同時也能辨
義；不止能分辨知識，也能分辨道德。在〈性惡篇〉，荀子還說
人是有可以為善的先天根據的。他說：

> 「塗之人可以為禹。」曷謂也？曰：凡禹之所以為禹者，
> 以其為仁義法正也。然則仁義法正有可知可能之理。然
> 而塗之人也，皆有可以知仁義法正之質，皆有可以能仁
> 義法正之具；然則其可以為禹明矣。……今使塗之人伏
> 術為學，專心一志，思索孰察，加日縣久，積善而不息，
> 則通於神明，參於天地矣。故聖人者，人之所積而致也。

塗之人皆有的「可以知仁義法正之質」，此即與生俱來之良知；
塗之人皆有的「可以能仁義法正之具」，此即與生俱來的良能。
人皆有良知良能，又有好義欲善之性，則其對人性的了解，與
孟子無異；為什麼荀子依然不主性善、而說「其善者偽也」呢？
究竟孟、荀的人性論不同在那裡呢？

其實孟、荀的差別，不在對人性內容上，而在對性偽善惡
的定義上。孟子認為人有仁義禮智之端，有可以為善的良知良
能，便可以說性善。但荀子認為仁義禮智之端，只是道德主體
的道德意識，而非能達致正理平治、群居和一的客觀善道。荀
子所謂善，是偏重客觀的實效說的。〈性惡篇〉謂：「凡古今天
下之所謂善者，正理平治也。所謂惡者，偏險悖亂也。是善惡
之分也已。」因此荀子不因肯定人有欲善好義和可以知仁義法正
之質與可以能仁義法正之具而說人性善。至於孟、荀對性偽定

義之分歧，在孟子認為人本著仁義禮智之端和良知良能所作的一切存養擴充的工夫，都可以說是性。故告子謂性猶杞柳、義猶桮棬時，孟子即詰問：「子能順杞柳之性而以為桮棬乎？將戕賊杞柳而後以為桮棬也？如將戕賊杞柳而以為桮棬，則亦將戕賊人以為仁義與？」（〈告子上〉）蓋孟子認為我們只能順杞柳之性而為桮棬，順人性而為仁義。順其本性而為，亦即是其本性。這和荀子言性偽的定義，顯然有別。荀子認為「不可學不可事而在天者謂之性，可學而能可事而成之在人者謂之偽。」（〈性惡篇〉）一切後天存養擴充的人為努力，荀子都認為是偽。荀子不以先天的性是善、又不以後天成就的善是性；這是孟、荀分歧的關鍵。

荀子不從人有可以為善的先天根據說性善，還因他有能與不能和可與不可的分別。〈性惡篇〉云：

> 曰：聖可積而致，然而皆不可積，何也？曰：可以而不可使也。故小人可以為君子，而不肯為君子；君子可以為小人，而不肯為小人。小人君子者，未嘗不可以相為也；然而不相為者，可以而不可使也。故塗之人可以為禹，則然；塗之人能為禹，未必然也。雖不能為禹，無害可以為禹。……然則能不能之與可不可，其不同遠矣，其不可以相為明矣。

用我們今天「可能」與「現實」兩個相反詞而言，荀子所謂「可以」，相當於我們所謂「可能」；而所謂「能」與「可使」，相當於我們所謂「現實」。人雖然可以為善，但不必能為善，因

　　為人有了可以為善的先天根據後，還要「伏術為學，專心一志，思索孰察，加日縣久，積善而不息」，才能達致聖人的境地，才能建構禮義法度等客觀的善道。

　　一般人認為荀子既主張性惡，推論人性中不可能有善的根源，因此認為荀子所言的善道，完全不能說明其所從來。於是強作解人，謂作為學習對象的師法之化、禮義之道，是歷史文化遺留下來的產物。但經不起這些產物最初從何而來的詰問，又說這些善道原是些先天地生的形上實在，正如柏拉圖的觀念世界一樣。但荀子所謂禮義之道，明明說是由聖人產生的。〈性惡篇〉一則說：「聖人積思慮、習偽故，以生禮義而起法度。」再則說：「聖人化性而起偽，偽起而生禮義，禮義生而制法度。然則禮義法度者，是聖人之所生也。」這又怎能說善道是先天地生的呢？

　　然則聖人是怎樣制禮義而起法度的呢？這些善道是怎樣產生的呢？現在我們先看看荀子所謂道是指什麼東西。

　　首先荀子表明這個道是由人建構出來的人道。所以〈禮論篇〉說：「禮者，人道之極也。」〈樂論篇〉說：「禮樂之統，管乎人心矣。」〈儒效篇〉更說：「道者，非天之道，非地之道，人之所謂道也，君子之所道也。」

　　至於說這個道是怎樣建構起來的？建構這個道的目的是什麼？〈正名篇〉說：「道也者，治之經理也。」〈榮辱篇〉云：「夫先王之道，仁義之統，詩書禮樂之分，彼固天下之大慮也，將為生民之屬長慮顧後而保萬世也。」由此可知，荀子所謂道，是個治道、為生民之屬長慮顧後而保萬世之道。它是天下的大慮，

是長慮顧後的產物。「慮」就是權衡計慮、深思熟慮，這是心作出抉擇前的主要功能。〈正名篇〉云：「情然而心為之擇謂之慮。心慮而能為之動謂之偽。慮積焉、能習焉而後成謂之偽。」荀子說善是偽。而心之慮就是偽。慮若不是偽，則「慮積焉」也不可能是偽。人在「能為之動」之前，必先由心計慮權衡，作出抉擇。禽獸的行為則完全受本能衝動和刺激反應所支配，也沒有抉擇的自由，沒有心的慮，只有「情然而能為之動」，而沒有「情然而心為之擇」，所以禽獸的行為無所謂善惡；也無道德責任可言。

　　「心為之擇」，並不是「離道而內自擇」。荀子在〈非十二子篇〉批評子思、孟軻「僻違而無類，幽隱而無說，閉約而無解」，大概就是說他們離道而內自擇。然則怎樣才是合道的抉擇呢？這首先便要有廣博的知識，學至於全盡。所謂「百發失一，不足謂善射；千里蹞步不至，不足謂善御；倫類不通，仁義不一，不足謂善學。學也者，固學一之也。一出焉，一入焉，涂巷之人也；其善者少，不善者多，桀紂盜跖也。全之盡之，然後學者也。」（〈勸學篇〉）學不但要全之盡之，還要通倫類、一仁義、知類明統。有螞蟻式知識，也要有蜘蛛式知識；然後將天下之萬事萬理，鋪陳於我們可以知道之心之前。故道是融會知識與道德的產物，相當於蜜蜂式的知識。

　　然而，荀子所謂學至於全盡，並不是泛濫無歸，如朱子所謂「即凡天下之物，莫不因其已知之理而益窮之，以求至乎其極」，而是要學有所止。〈修身篇〉曰：

> 夫堅白、同異、有厚無厚之察，非不察也；然而君子不
> 辯，止之也。倚魁之行，非不難也；然而君子不行，止
> 之也。

〈解蔽篇〉云：

> 凡以知人之性也；可以知物之理也。以可知人之性，求
> 可以知物之理，而無所疑止之，則沒世窮年不能徧也。
> 其所以貫理焉，雖億萬已不足以浹萬物之變，與愚者若
> 一。學，老身長子，而與愚者若一，猶不知錯，夫是之
> 謂妄人。故學也者，固學止之也。惡乎止之？曰：止諸
> 至足。曷謂至足？曰：聖王。聖也者，盡倫者也；王也
> 者，盡制者也，兩盡者，足以為天下極矣。

由此可見，荀子之智性活動，還是受德性所規範的。心的計慮
權衡，不只是要計慮得失、權衡利害；也要計慮道義、權衡善
惡。不但學要止諸至足，慮也要止諸至足，才能建構出一個去
禍得福的道來。故〈正名篇〉云：

> 人無動而不可以不與權俱。……權不正則禍託於欲，而
> 人以為福。福託於惡，而人以為禍。此亦人所以惑於禍
> 福也。道者，古今之正權也。離道而內自擇，則不知禍
> 福之所託。

以上我們說明了荀子的道，以下我們便要說荀子言心。
《荀子‧正名篇》說：「心也者，道之工宰也。」〈解蔽篇〉

云：「心不可以不知道。……心知道然後可道，可道然後能守道
以禁非道。」王懋竑曰：「工乃主字之訛。」陳奐曰：「工，工官
也。官宰，猶言主宰。」故道是由心主宰建構的。心的知道還可
以說有認知的意義。心的可道、守道、以禁非道，則顯示出這
個心有它的價值意識，能夠知善知惡；而且有道德意志，能夠
為善去惡。然則我們的心是如何知道的呢？〈解蔽篇〉云：

> 人何以知道？曰：心。心何以知？曰：虛壹而靜。……
> 虛壹而靜，謂之大清明。

荀子言心，雖有欲善好義之性，但其重點則落在清明鑑物的智
心上。這個心，應而能藏，不像莊子的心應而不藏，但卻能「不
以所已藏害所將受」。這個心又能同時兼知不同的對象，但卻能
「不以夫一害此一」。人心雖有夢劇之擾動，卻能「不以夢劇亂
知」。這個虛壹而靜的大清明心，如正錯而不動的槃水，可以照
察一切。心只有能照見大理而無偏傷之患、蔽塞之禍，才能知
道。故〈榮辱篇〉云：

> 為堯、禹則常安樂，為桀、跖則常危辱，……然而人力
> 為此而寡為彼，何也？曰：陋也。……陋也者，天下之
> 公患也，人之大殃大害也。

〈不苟篇〉云：

> 凡人之患，偏傷之也。見其可欲也，則不慮其可惡也者；
> 見其可利也，則不顧其可害也者。是以動則必陷，為則

必辱，是偏傷之患也。

〈解蔽篇〉又云：

> 人之患，蔽於一曲而闇於大理。……亂國之君，亂家之
> 人，此其誠心莫不求正而以自為也，妬繆於道，而人誘
> 其所迨也。……欲為蔽，惡為蔽，始為蔽，終為蔽，遠
> 為蔽，近為蔽，博為蔽，淺為蔽，古為蔽，今為蔽。凡
> 萬物異，則莫不相為蔽，此心術之公患也。……聖人知
> 心術之患，見蔽塞之禍，故無欲、無惡、無始、無終、
> 無近、無遠、無博、無淺、無古、無今，兼陳萬物而中
> 縣衡焉，是故眾異不得相蔽以亂其倫也。

　　人都是求安樂、避危辱、不想國之亂、家之敗的，可見人
的主觀願望都是好的。但由於知識淺陋，蔽於一曲而闇於大理，
結果動則必陷，為則必辱。所以荀子要我們學至全盡、兼陳萬
物，但又不為萬物之異所蔽。人要做到「眾異不得相蔽以亂其
倫」，則心除了清明鑑物之外，仍要能權衡計慮，作出正確的判
斷。故以衡為道，以道為古今之正權。但心要由權衡計慮而知
道，再由知道而可道、守道、以禁非道，則心決不能止是個清
明鑑物的智心。照業師唐君毅先生說，這至少也是個意志行為
心。〈解蔽篇〉云：

> 心者，形之君也，而神明之主也，出令而無所受令。自
> 禁也、自使也、自奪也、自取也、自行也、自止也。故
> 口可劫而使墨云，形可劫而使詘申，心不可劫而使易意，

是之則受，非之則辭。故曰：心容，其擇也無禁，其物也雜博，其情之至也不貳。（梁啟雄曰：「情讀為精」。）

這個自由自主的心，不但是個意志行為心，同時也是個有價值意識、道德意識的心。它不但是個智心，也是個仁心。但就荀子重視解蔽、防陋而言，心的主要功能，仍在智性上。因為只有豐富而確當的知識，才能建構出一個能為天下生民保萬世的道。

但是，荀子這個可以知道的心，並不一定能知道。正如可以為善的性，並不就是善一樣。心要知道，仍然有許多養心和治心的工夫。因為人心有君子之心與小人之心；又有用心一和用心躁之別；故曰：「君子大心則敬天而道，小心則畏義而節。……小人則不然，大心則慢而暴，小心則淫而傾。」（〈不苟篇〉）「螾無爪牙之利，筋骨之強，上食埃土，下飲黃泉，用心一也。蟹六跪而二螯，非蛇蟺之穴無可寄託者，用心躁也。」（〈勸學篇〉）因此，心要建構出一個「進則近盡，退則節求」的道，必須危微精一，計慮周詳，權衡允當。於是荀子特有後天的治心養心工夫。

荀子引道經云：「人心之危，道心之微。」（〈解蔽篇〉）危有警覺戒備的意思，微則達致恭敬和樂的境界。故曰：「處一危之，其榮滿側；養一之微，榮矣而未知。……危微之幾，惟明君子而後能知之。」（〈解蔽篇〉）心怎樣才能修養到微的境界呢？在達到微的境界之前，有強、忍、危三個階段。〈解蔽篇〉云：

孟子惡敗而出妻，可謂能自彊矣，未及忍也。有子惡臥

而焠掌，可謂能自忍矣，未及危也。關耳目之欲，而遠
蚊虻之聲，可謂危矣，未可謂微也。夫微者，至人也，
何彊、何忍、何危？……故仁者之行道也，無為也；聖
人之行道也，無彊也。仁者之思也恭，聖人之思也樂；
此治心之道也。

以上一段文字，頗有錯簡，今按己意調整如上。人在用心行道
時，起初要用強，與外物不妥協。其次要用忍，使自己堅忍不
屈。再其次便要提高警覺、戒慎恐懼，操心也危，慮患也深。
最後才到達無為無強、恭敬和樂的境界。人治心至危微精一，
才能達致大人的境界。〈解蔽篇〉云：

萬物莫形而不見，莫見而不論，莫論而失位。坐於室而
見四海，處於今而論久遠，疏觀萬物而知其情，參稽治
亂而通其度，經緯天地而材官萬物，制割大理而宇宙裡
矣。恢恢廣廣，孰知其極；睪睪廣廣，孰知其德；涫涫
紛紛，孰知其則。明參日月，大滿八極，夫是之謂大人。
夫惡有蔽矣哉。

由上可知，欲本身並不惡，縱容欲不受心的節制才惡。心本身
並非善，修治此心使能權衡得宜，可否中理才是善。故〈正名
篇〉云：

凡語治而待去欲者，無以道欲，而困於有欲者也。凡語
治而待寡欲者，無以節欲，而困於多欲者也。有欲無欲，
異類也，生死也，非治亂也。欲之多寡，異類也，情之

數也，非治亂也。欲不待可得，而求者從所可。欲不待可得，所受乎天也。求者從所可，所受乎心也。所受乎天之一欲，制於所受乎心之多，固難類所受乎天也。人之所欲生甚矣，人之所惡死甚矣，然而人有從生成死者，非不欲生而欲死也，不可以生而可以死也。故欲過之而動不及，心止之也。心之所可中理，則欲雖多，奚傷於治。欲不及而動過之，心使之也。心之所可失理，則欲雖寡，奚止於亂。故治亂在於心之所可，亡於情之所欲。

由於荀子主性惡，而心有欲善好義之性，又能知道、可道、守道、以禁非道，似乎心是善的。心的善與性的惡，照理不能合而為一，於是有人主張荀子是心性分途的。所謂心性分途，是將可以為善的心，抽出於性之外，認為心不是性。抱這種見解的人，以為這樣才能解消性惡心善的矛盾。但依照我們上文所釋，荀子的性不是惡，只是可以流為惡。荀子的心也不是善，只是可以為善。荀子謂性是「生之所以然」、「不可學不可事而在天」、「性者，本始材樸也」，都與他全書旨意相符。甚至說善是偽，都沒有問題。問題在於他說性惡。本始材樸的性，是可善可惡、非善非惡的。以性惡來反對孟子性善，是用詞過當。如果性不是惡，心不是善，兩者都是中性的，則不必說心性分途。而且心之好義欲善，有可以知仁義法正之質與具，難道不是生之所以然的嗎？難道這些可以為善的良知良能，不是如可以見之明不離目、可以聽之聰不離耳嗎？何況荀子明明說「人生而有知，……心生而有知」呢。（〈解蔽篇〉）心知既是生而有

的，是生之所以然的，怎樣可以說心不是性呢？荀子說心可以知道，無異說性可以知道。只要我們理順了荀子的思想，則說「性可以知道」，和說「性未善，其善者偽也」，是沒有什麼矛盾的。只是不可將性未善，說成性惡就是了。

原載二〇〇三年十月《新亞學報》二十二卷

檢討儒法的價值觀

儒法兩家，在中國文化中，往往引起激烈的衝突。近百年來，由於國家積弱不振，飽受列強欺凌，故國人對標榜富國強兵的法家，情有獨鍾。相反，把一切惡果，都推到儒家身上。其極，便發展為打著揚法抑儒旗號的「文化大革命」，對儒家肆意摧殘，不但造成思想上極大的錯亂，也帶給中華民族一場前所未有的浩劫。今天，我們要撥亂反正，必須釐清兩家的思想，而其關鍵所在，是要深刻地檢討儒法兩家的價值觀。

首先，我們來檢討儒家的價值觀。

孔子曰：「朝聞道，夕死可矣。」因此儒家所追求實現的價值理想，就是這個「道」。儒家所講的這個「道」，非天之道，非地之道，非禽獸之道，亦非鬼神之道，而是人道，是君子之道或聖人之道。儒家認為，一切價值理想，必須根源於人。人，才是一切價值理想的主體。君子與聖人都是人，所以《中庸》說：「道不遠人」。

儒家所講的人道，也可以說是仁道，故《中庸》云：「修道以仁」。仁以感通為性，麻木就是不仁，因此，仁性是同情共感，痛癢相關之性。人不但對自己有情感，也對別人有情感，乃至

對天地萬物有情感。人不但要盡自己的情感，也要推一己的情感於別人，乃至天地萬物。盡己就是忠，推己及人就是恕，而忠恕之道，就是仁道。故曰：「忠恕違道不遠。」（《中庸》）又云：「夫子之道，忠恕而已矣。」（《論語‧里仁》）故人要盡人道，不但要成己，也要成物，不但要立己，也要立人。仁道不但是人道，也是天道。因為仁道至誠，生生不已，這和天道是沒有兩樣的。故曰：「大哉聖人之道，洋洋乎發育萬物，峻極於天。」（《中庸》）

　　孟子認為人固然有同於禽獸的食色之性，但人之所以異於禽獸者，在人有仁義禮智之性。荀子也明說人人皆有欲善好義之性，並謂：「人有氣有生有知亦且有義，故最為天下貴也。」（《荀子‧王制》）人在天地之間，不但為「天地之德，陰陽之交，鬼神之會，五行之秀氣。」（《禮記‧禮運》）而且人的存在，對天地言，也決不是多餘的，不是可有可無的。因為天地的完美，也必須由人去成全。故曰：「天地生之，聖人成之。」（《荀子‧富國》）又曰：「天地生君子，君子理天地。」（《荀子‧王制》）因此，儒家認為一個完全實踐人道一切價值的理想人格，是個與天道性命相貫通的人格。《易傳》云：「夫大人者，與天地合其德，與日月合其明，與四時合其序，與鬼神合其吉凶，先天而天弗違，後天而奉天時。」把人與天地並列為三才，和其他宗教相比，可見儒家推崇人道的極致。

　　儒家認為人道包括生和死。孟子以養生喪死無憾為王道之始，荀子亦以人道之極的禮，要謹於治生死。厚其生而薄其死，敬其有知而慢其無知，是奸人之道，背叛之心，這絕對是違反

人道的。

治生之道，首先便要養生。要維持自然生命的存在，食色都是不可缺少的。故仰足以事父母，俯足以畜妻子，樂歲終身飽，凶年免於死亡。使男有分，女有歸，都是王道之始。而昏禮、燕禮和鄉飲酒禮，就是在正視人的食色之性之餘，並以仁道賦予食色之性以文化價值。

人不同於禽獸，人在解決養生問題的同時，還有許多人生價值與文化價值的追求。人倫相處，使父子有親，君臣有義，夫婦有別，長幼有序，朋友有信，都是儒家所要實現的人生價值。故孔門四科，以德行為第一。人在修其孝悌忠信以外，更有溫柔敦厚的《詩》教，疏通知遠的《書》教，潔淨精微的《易》教，恭儉莊敬的《禮》教，廣博易良的《樂》教，與屬辭比事的《春秋》教，這一切的教化，無非是要陶冶出一個完美的人格。

人不但是個現實的存在，也是個有普遍關懷與終極關懷的存在。故人在養生之餘，也要送死，以追養繼孝的心情祭祖，以崇德報功的心情去祭一切有功德於民的人物，以報本反始的心情祭天。這都是人所追求實現的價值理想，也是一個完美人格所當實現的理想。

儒家所推崇的人格價值是多方面的。除了孔子為聖之時者外，對伯夷之清，伊尹之任，柳下惠之和，都在推崇之列。楚狂接輿、長沮、桀溺等隱者，孔子雖與之不同道，亦一一加以尊重。孟子認為爵有天爵人爵之分，貴亦有良貴與趙孟之所貴之別，又云:「天下有達尊三:爵一、齒一、德一。朝廷莫如爵，

鄉黨莫如齒，輔世長民莫如德，惡得有其一，以慢其二哉？」（《孟子·公孫丑下》）

　　儒家的價值觀總是多元的，因為人所追求實現的價值理想是極多的，甚至可以是無限的，以有限的人生，在一時一地實現所有的價值理想是絕不可能的，不同的價值主體，因其處境的不同，可以有不同的價值取向，只要他不違背仁心和良知，則不同的價值取向都可以是對的。這裡沒有一個外在的權威作絕對的標準，一切都要反求諸己，自作主宰，別人不宜越俎代庖。比方忠君是一個價值，孝親是一個價值，當二者不可兼得時，取孝取忠便要由當事人乾剛獨斷，只要這個取決是自發的，依於仁道的，則捨忠取孝，或捨孝取忠，都可以是對的。儒家決沒有忠大於孝、或孝大於忠的教條。因此，孔子雖不以「其父攘羊，而子證之」為不直，卻說「父為子隱，子為父隱，直在其中矣。」孟子雖不以瞽瞍殺人為無罪，但為了父子之親，在棄天下如棄敝屣之後，也可以選擇背負瞽瞍而逃於北海之濱。這是體認儒家自由主義的重要所在。

　　儒家所追求實現的道，或儒家所追求實現的價值理想，既是廣及人生文化的全體，故主張民為貴、民為邦本的政治思想，以實現人民所求的諸多價值理想為目的，亦即以實現這個道為目的。因此便有「道存則國存，道亡則國亡。」（《荀子·君道》）「以道事君，不可則止。」（《論語·先進》）「君子之事君也，務引其君以當道，志於仁而已。」（《孟子·告子下》）等話。

　　儒家從政，是「從道不從君」的，既非為一己的利祿，也不是只求建功立業，一切不合仁道、王道或堯舜之道的功業，

都是儒家所不齒的。像公孫衍、張儀之流，對人君偷合苟容，以持祿養交，孟子即斥之為以順為正的妾婦之道。儒家從政，是要做居天下之廣居，立天下之正位，行天下之大道，得志與民由之，不得志獨行其道，富貴不能淫，貧賤不能移，威武不能屈的大丈夫。這種「用之則行，捨之則藏。」「窮則獨善其身，達則兼善天下。」「邦有道則仕，邦無道則可卷而懷之」的態度，充分地表現了儒家對這個「道」的忠誠，儒家寧可守先待後，決不枉尺直尋，降格求售。故孔子去齊，接淅而行，孟子去齊，浩然有歸志。

儒家認為，天降王命，就是要王者替人民作主，實現這個道，做「民之所好好之，民之所惡惡之」的民之父母。因此，君位君權的合理根據，在能履行君職，盡君道。人君的權位不是無條件的，當他不能行君職、盡君道時，他便當退位讓賢，這叫做禪讓。否則，人民便造反有理，可以用武力把他從寶座上拉下來，這叫做革命。在先秦諸子中，只有儒家在君位之上，肯定這個君道，肯定禪襛和革命：天下乃天下人之天下，非一人之天下。故孟子認為舜之有天下，不是堯給他的，而是天與之，民與之。因為天下非天子之私產，決不能私相授受。荀子說「桀紂無天下，湯武不弒君」，也是基於這個觀點。這和民主政治的主權在民思想，是完全一致的。

至於法家的思想，特別是法家的價值觀，與儒家有極尖銳的矛盾。

首先要說明的是：周自幽厲以後，諸侯專征，大夫擅政。天命有德，王政在民的舊觀念與舊秩序已逐漸解體。及威烈王

二十三年，命晉大夫魏斯、趙籍、韓虔為諸侯，周室賴以維持殘局的名分亦不能守，此後天下即以智力相雄長，成為戰國紛爭之局。

　　戰國之世，諸侯內有篡弒，外有兼并，有國者若不能內絕奸情，外拒強敵，必不能容身於此歷史大勢之中，故列國君主，逐漸放棄以實現人生文化的遠大理想為目的的王道、仁政、德治、道治，而轉重講求其政權如何能維持與擴張的強國之道。法家的思想，就是投合時君世主這點心意而興起的一種強國之術。

　　要外拒強敵，便要用法達致富強，要內防篡弒，便要用術探知奸情。因此法術二者，不可以一無，皆人主之大物，帝王之工具。

　　國富兵強，是法家所要實現的唯一價值，而農可使國富，戰可使兵強，農、戰是達成富強的唯一手段。因此法家便要集中一切力量，從事農、戰。他們不獨如孔子所云：要足食足兵，而是要全民皆農，全民皆兵。一切農戰以外的人生活動、文化活動，俱在禁制之列，而一切能使人君達致富強以外的價值觀念，俱在摧陷廓清之列。務使一切力量，總動員於農、戰。

　　基於以上的觀點，法家對象棄之奇技、木鳶之淫巧、兒說之辯說、孔墨之智謀，與夫恬淡之學、恍惚之言、文學之士、道德之家，皆因其不能有致遠力多，考實按形的大功大用而加以破斥。即使講農的商管之法，講戰的孫吳之書，亦因其言耕而非執耒，言戰而非被甲而加以禁制，《商君書‧農戰》篇云：「農戰之民千人，而有詩書辯慧者一人焉，千人皆怠於農戰矣。

農戰之民百人，而有技藝者一人焉，百人皆怠於農戰矣。」為了達到開荒墾草的目的，商鞅禁止雇用傭工，禁止玩音樂、耍雜技，壓制商販活動，廢逆旅，使商無得糴，農無得糶，辟淫游惰之民皆無得食，務使士人、商人、工人、藝人全部歸農。

　　然而，農為民之所苦，戰為民之所危，如何才能使民眾放棄其他活動，全部歸農赴戰呢？法家便只好乞靈於賞罰之法。

　　法家所謂法，指賞罰之法而言。商鞅云：「凡賞者，文也；刑者，武也；文武者，法之約也。」（〈修權〉）而韓非也說：「法者，憲令著於官府，刑罰必於民心。賞存乎慎法，而罰加乎姦令者也。」（〈定法〉）因此，法家的法，是為了驅民耕戰，達致人君的富強而設置的。與今天為了實現人民的基本權利而制訂的民主憲法，實不可同日而語，注解《商君書》的朱師轍，以為國人「崇尚法治，遠則西歐，而不知商君已倡於二千年前，數典忘祖，得無僭乎！」（《商君書解詁定本》初印本自序）只能是一個美麗的誤會。

　　為什麼賞罰之法可以驅民耕戰呢？

　　法家認為，民之情性，都是懷生畏死，好利惡害，饑則求食，勞則求佚，苦則索樂，辱則求榮，好爵祿而惡刑罰的。故商鞅云：「人君不可以不審好惡。好惡者，賞罰之本也。」（〈錯法〉）韓非亦曰：「凡治天下必因人情。人情有好惡，故賞罰可用，則禁令可立，而治道具矣。」（〈八經〉）

　　基於人情有必然的好惡，故賞罰可用的觀點，法家認為人君只要憑藉他的勢位與權威，便可以為所欲為。法家決不講求君仁臣忠、父慈子孝、夫義婦順的道德修養。因為韓非以為君

以計畜臣，臣以計事君，君臣之交，都是計算利害的，根本無所謂君仁臣忠可言。父母之於子女，產男則相賀，產女則殺之，只是計慮其後便長利而已，根本無所謂父慈子孝可言。至於萬乘之主，千乘之君，其后妃夫人嫡子為太子者，亦有欲其君之早死者，因為「君不死則勢不重，情非憎君也，利在君之死也。」故夫婦之間，亦根本無夫義婦順可言。人人都是自私自利的，君主千萬不要自我陶醉，以為人臣會自動地忠於你，而寄希望於臣下的道德修養，人際關係根本不能依靠道德修養。人主必須不恃人不叛我，恃我不可叛；不恃人不我欺，恃我不可欺；不恃人以愛為我，恃人不得不愛我；不恃人之為吾善，而用其不得為非。故曰：「有術之君，不隨適然之善，而行必然之道。」（《韓非子‧顯學》）「恃天下者，天下去之，自恃者，得天下。」（《商君書‧畫策》）

　　法家認為人之好利惡害，懷生畏死是必然的，就如物理一樣必然。聖人知必然之理，必為之時勢，其控制人民，便可如以高下制水，以燥溼制火，因而也可以「為必治之政，戰必勇之民，行必聽之令。」（〈畫策〉）法家就是這樣把人完全物化！以為可以完全靠權勢來制定賞罰之法驅民耕戰。韓非說：「賞罰使天下必行之。令曰：中程者賞，弗中程者誅，令朝至暮變，暮至朝變，十日而海內畢矣。」（〈難一〉）又云：「彼之善者，我能以為卿相，彼不善者，我得以斬其首，何故而不治？」（〈內儲說上〉）商鞅也說：「夫人情好爵祿而惡刑罰，人君設二者以御民之志，而立所欲焉。」（〈錯法〉）

　　人君既然憑藉權位便可以為所欲為，還要講什麼道德修養

呢？因此韓非說：「君通於不仁，臣通於不忠，則可以王矣。」（〈外儲說右下〉）人君言治，不緊握人情必然的好惡，而期盼偶然的修養，後來的法家，便斥之為黑修養。

儒、法都是要知道人民的好惡，但儒家是要民之所好好之，民之所惡惡之；法家在掌握了人民的好惡後，目的是制為賞罰之法，逼他們好其所惡，惡其所好。老百姓原本是憎惡戰爭的，但在嚴刑峻法之下，法家卻要他們改變為聞戰而相賀，見戰如餓狼之見肉。故曰：「民之欲富貴也，共闔棺而後止，而富貴之門，必出於兵，是故民聞戰而相賀也。」（〈賞刑〉）

為政使民好其所惡，惡其所好，《大學》稱之為拂人之性。行拂人之性的政治，是否真是一種必然之治呢？人情是否只是懷生畏死，好利惡害呢？孟子說：「所欲有甚於生者，所惡有甚於死者。」（〈告子上〉）荀子說：「人之所欲，生甚矣，人之所惡，死甚矣，然而人有從生成死者，非不欲生而欲死也，不可以生而可以死也。」（〈正名〉）人有殺身成仁、捨生取義的高貴情操，法家是完全不懂的。老子云：「民不畏死，奈何以死懼之。」（〈六十一章〉）人既然有不畏強權，視死如歸的氣節，則法家一味以生死利害來威嚇人，以賞罰之法來鞭策人民，也不是可以為所欲為的。何況人在生有可戀的情況下才會貪生怕死，當嚴刑峻法壓迫人至生不如死時，人便不再懷生畏死了。陳勝吳廣之揭竿而起，可為明證。

法家為了驅策人民全部從事農戰，對傳統上諸般人生價值與文化價值加以無情打擊與摧殘。世所謂仁、義、賢、智、忠、烈、廉、勇、愿、高、重、傑之士，以及長者、師徒、聖人、

大人，皆因其輕爵祿、易去亡、倍主逆法，收下為名，離俗隱居，以非其上，卑主之名，以顯其身，毀國之厚，以利其家，畏死遠難，遊居厚養，學道立方，語曲牟知，行劍攻殺，活賊匿姦，無利輕威，不避刑戮，簡上不求見，好名義不進仕，都在清除之列。法家要求一切臣民都是惇愨純信，守法聽令，敬上畏罪，聽吏從教，無私心二學。只要他們能盡死力而從上，即使變為愚陋怯懾，亦沒有什麼不好。故曰：「明主之國，無書簡之文，以法為教，無先王之語，以吏為師，無私劍之悍，以斬首為勇。」（〈五蠹〉）一切以政治掛帥，以人君之私利為衡量一切價值的標準。對於那些不臣天子，不友諸侯，掘井而飲，耕田而食，無上之名，無君之祿，不畏重誅，不利重賞之世所謂隱遯之士，化外之民，韓非視之為不令無益之臣，俱在誅殺之列，故曰：「勢不足以化則除之。」（見〈姦劫弒臣〉，〈外儲說右上〉及〈說疑〉諸篇）。

　　法家賴以驅民耕戰的法，原來是賞罰並用的，但由於守法之民多，而犯法之民少，若「賞存乎慎法」，則賞不勝賞，因此後來的發展，是用刑愈來愈多，用賞愈來賞少。商鞅云：「王者刑九賞一，強國刑七賞三，削國刑五賞五。」（〈去強〉）又用刑必須重而必，不重不足以警效尤，不必則人民心存僥倖。刑重而必，便可以刑去刑，否則必會以刑致刑。而重刑之中，最為慘酷者，是連坐之法。商鞅〈墾令〉篇云：「重刑而連其罪。」韓非〈制分〉篇云：「失姦者，必誅連刑。」而連坐可以「刑及三族。」（〈賞刑〉）儒家不但反對以族論罪，也反對罪輕刑重。《漢書》謂法家專任刑罰而欲以為治，《史記》謂法家刻薄寡恩，

是一點也沒有錯的。

　　當國家在危亡之際，為了救亡圖存，為了富國強兵，一時
行權，用嚴刑峻法來治理，似乎也是可以接受的。但禁錮人民
思想，摧抑人民節概，否定一切人生文化的價值理想，以為常
道，便不可為訓。何況，法家的富國強兵，決非為人民著想。
他們不但不要民富民強，反而要民貧民弱。因為「民辱則貴爵，
弱則尊官，貧則重賞，……民有私榮，則賤列卑官，富則輕賞。」
（〈弱民〉）故法家雖想富國強兵，但卻要貧民弱民，當人民弱
至人主無可用之兵，貧至人主無可籌之餉時，卻要用刑罰逼使
他們努力耕作，此之謂「貧者益之以刑則富」。但人民富足終非
人主的心意，因此又要用賣官鬻爵的辦法去減損人民的財富，
這叫做「富者損之以賞則貧。」商鞅曰：「治國之舉，貴令貧者
富，富者貧。」（〈說民〉）把人民玩弄於股掌之中。

　　此外，法家在達致人民貧弱，國富兵強以後，人主便要從
事侵略戰爭。因為國富兵強而不從事戰爭，便是能摶力而不能
殺力。摶力以壹務（專壹農耕），殺力以攻敵（從事戰爭）。能
摶力而不能殺力，國富兵強而無戰爭，人民必要求改善生活，
人君的權威便受影響。所以說：「戰事兵用曰強，戰亂兵息而國
削。……國強而不戰，毒輸於內，禮樂蝨官生，必削。國遂戰，
毒輸於敵，國無禮樂蝨官，必強。」（〈去強〉）可見法家這種富
國強兵的思想，是徹頭徹尾的軍國主義、擴張主義、帝國主義。
孟子對這種思想，曾一再加以撻伐。他一則曰：「君不行仁政而
富之，皆棄於孔子者也，況於為之強戰。……善戰者服上刑，
連諸侯者次之，辟草萊、任土地者次之。」（〈離婁上〉）再則曰：

「今之事君者，皆曰：『我能為君辟土地，充府庫。』今之所謂良臣，古之所謂民賊也，君不鄉道，不志於仁，而求富之，是富桀也。『我能為君約與國，戰必克。』今之所謂良臣，古之所謂民賊也。君不鄉道，不志於仁，而求為之強戰，是輔桀也。」（〈告子下〉）可見儒法政治思想之歧異。

　　由上可知，法家的法，是為了人主能外拒強敵，稱霸天下。但人君如果只有驅民耕戰、而達致富強的法，而沒有潛御群臣、防止奸人的術，則人君之富強，很可能被群臣所篡奪。法家認為：「臣之所不弒其君者，黨與不具也。」（〈揚權〉）為了防止君權被篡奪，法家在用法之外，更要用術。法和術各有不同的作用。法雖由人主定立，但用法的對象是百姓，執法主體是群臣，目的在驅民耕戰，故法莫如顯，必須將賞罰之法布告天下，讓百姓能知所遵從。用術的對象是群臣，用術主體是人君，其目的是潛御群臣，故術不欲見，必須深藏不露，虛靜無為。因為人君操生殺予奪大權，人臣都想投君之所好，以趨吉避凶。如果人君的情實被人臣知曉，人臣便會弄虛作假，以求取悅人君。這樣，人君便會誅不應誅，賞不應賞，其極至於身死國亡，為天下笑。故韓非云：「君無見其所欲；君見其所欲，臣將自雕琢，君無見其意；君見其意，臣將自表異。……道在不可見，用在不可知，虛靜無事，以闇見疵。……不慎其事，不掩其情，賊乃將生。」（〈主道〉）人君為了周密，便必須專制獨斷。故一則曰：「道無雙，故曰一，是故明君貴獨道之容。」（〈揚權〉）再則曰：「獨視者謂明，獨聽者謂聰，能獨斷者，故可以為天下主。」（〈外儲說右上〉）宋君惑於司城子罕「慶賞賜與，民之所喜也，

君自行之。殺戮誅罰，民之所惡也，臣請當之」之言，以出威令，誅大臣之權授之子罕，於是大臣畏之，細民歸之。處期年，子罕殺宋君而奪政。這是不行獨斷之治之過。

法家為了維護絕對的君權，對闡揚天下為公，肯定禪讓與革命的儒家，大張撻伐，認為堯舜湯武，都是「反君臣之義，亂後世之教」的罪魁禍首（〈忠孝〉）。在法家看來，「忠臣不危其君，孝子不非其親。」君父都有無上的權威。法家的三綱，是權威主義的。臣事君，子事父，妻事夫，是絕對無條件的。這和孔子君敬臣忠，父慈子孝，夫義婦順的倫理思想，顯然不同。倫理本於仁心理性，是相對的，而非絕對的權威，君不敬可以臣逃外國，父不慈可以子往他鄉。故孟子說：「君之視臣如手足，則臣視君如腹心，君之視臣如犬馬，則臣視君如國人，君之視臣如土芥，則臣視君如寇讎。」（〈離婁下〉）而《荀子·臣道篇》除有所謂諫爭輔拂之臣外，更肯定有所謂奪然後義，殺然後仁，上下易位然後貞的臣道。而《荀子》、《禮記》和《孝經》，都有「從道不從君，從義不從父，人之大行也」的話，可見儒家從君從父是有先決條件的，那就是要合乎道義。這和法家的忠孝觀念，是大異其趣的。

總上所述，可見法家並沒有人生理想和文化理想可言，而其政治思想，亦只是一種權力鬥爭的思想，他所憑藉的，不是理，而是勢。為了富人主之國，強人主之兵，不惜「廢學術，賤行修，塞智慧之門，斷自由之徑，反人道於披毛戴角，侮同類猶圈豕驅羊。」（熊十力《韓非子評論》）由於法家所服事的，是人主的私欲，根本不能光明正大地公之於世，因此不能用賢

而專任勢，不用宰相而任獨斷，把一己之私欲藏於不測之地，美其名曰：「行制如天，用人如鬼。」這和儒家之君道「利明不利幽，利宣不利周。」（《荀子・正論》）「持國者必不可以獨也，……在於取相。」（〈王霸〉）是完全相反的。又儒家之君道，必須以身作則，凡有過失，必須深切反省。所謂「朕躬有罪，無以萬方，萬方有罪，罪在朕躬。」（《論語・堯曰》）而法家則榮樂在君，憂戚在臣，「有功則君有其賢，有過則臣任其罪。」（〈主道〉）把人君和臣民的利害完全對立起來，除了人君利欲之私外，根本不肯定任何人生文化的價值理想。這是我們檢討儒法的價值觀後，必須有的認識。

　　　　　　原載二〇〇〇年香港中文大學出版
　　　　　　　《中國文化的檢討與前瞻》

◎ 新編中國哲學史(一)～(三)　勞思光／著

　　本書是當今哲學泰斗勞思光先生在中國哲學方面最重要的著作。透過其獨特的「基源問題研究法」，於每一章節，皆有深入淺出的說明，如庖丁解牛般，將上下數千年中國哲學的深層內涵，條分縷析呈現在您的眼前。

◎ 中國哲學史話　吳怡　張起鈞／著

　　作者以通俗的語言、輕鬆的筆調，深入淺出地介紹中國哲人的思想。書中以思想家為單元，在橫向方面勾勒出各思想家和思想學派的中心理論，以及與當時其他思想家和學派的相互關涉；縱向方面則剖析各思想、理論的流演及發展，理出中國思想前後相繼、首尾連貫的統序。使讀者對中國哲學的本來面目，有正確的認識。

◎ 中國百位哲學家（增訂三版）　黎建球／著

　　本書從哲學家的觀點來介紹每一位哲學家的生平、著作與學說，以便讀者循序而進窺堂奧。為求貼近時代的更易及豐富本書的內容，增訂版重新納入了當代兩位極為重要的哲學大師：唐君毅先生與方東美先生，希望能提供讀者新的研究線索，並期望藉由對各個不同哲學家思想的整理，以及系統性的規劃，有助於哲學教育的廣泛推展。

◎ 先秦諸子論叢　　唐端正／著

　　先秦諸子之獨特成就，在能本經驗與理性樹立人生及政治之價值理想，及提供實踐此等價值理想之方法。本書所收各篇，對儒、道、墨、法各家思想之基本性格，均能予以經驗與理性之說明，於辨析同異之中，每多創見，使人感發，而文字又能深入淺出，誠一值得向讀者推介之佳作。

◎ 老　子（修訂二版）　　劉笑敢／著

　　本書以概念的深層剖析和體系的有機重構為主要方法，力求逼近老子哲學的本來面目，同時探討老子哲學的現代應用或現代意義。作者認為老子哲學體系是以自然為中心價值，以無為為實現中心價值的原則性方法，以辯證法和道分別為自然和無為提供經驗性和超越性的論證。老子之道是世界的總根源和總根據，是對貫穿於宇宙、世界、社會、人生的統一性的根本性解釋。

◎ 孟　子（修訂二版）　　黃俊傑／著

　　孟子在戰國時代那一段迅雷風烈的變局裡，始終抱著熾熱的淑世情懷，他開展「知心——知性——知天」的生命哲學，主張「民為貴，社稷次之，君為輕」的政治思想，並樹立了「富貴不能淫，貧賤不能移，威武不能屈」的「大丈夫」人格典範。孟子及其思想充滿強韌的生命力，不僅在戰國時代顯得氣勢撼人，其深邃的智慧，更是穿越一波波歷史的驚濤駭浪，深深影響著二千年來的東亞文化。

◎ 法家哲學　姚蒸民／著

　　先秦法家思想，漢後殊多誤解。本書採政治觀點，用歷史眼光，以比較論證之方法，旁參西洋理念及近代知識，而為之辨正發抒，並就法家諸子之原貌，探求真蘊，而歸納於哲學範疇。始自先秦，終於清季，闡其宗派，論及餘波，凡其理致之能系統化者，均舉而詳之。允為法家哲學最為完整性之專著。

◎ 王　弼（修訂二版）　林麗真／著

　　「崇本息末」代表王弼研治老學的心得，更代表他個人的思想綱領。本書第一、二章概述王弼的生平與家學，略及「崇本息末」觀的產生背景。第三、四、五章分治王弼《老》《易》《論語》三注，旨在展現「崇本息末」觀的思理內涵及其應用與發揮。第六章則總結全書，綜論王弼的思想特徵、學術成果及哲學地位。

◎ 王陽明哲學　蔡仁厚／著

　　「四句教」、「致良知」、「心即理」——這些王陽明的中心思想是如何發展而來？這些思想又具有怎樣的人生意義？「王學」在明代中葉之後，何以成為歷史上最顯赫的學派之一，學說甚至傳至日本？在本書作者深入淺出、循序漸進的論述下，這些疑問終能得到解答。

◎ 想一想哲學問題　林正弘／主編

　　當人類追根究底地去探問任何現象時，遲早會碰到一些無法得到確定答案的問題，這些問題雖然無法用常識的、科學的或類似數學的嚴格證明來解答，卻與我們所關心的人事物息息相關。這些正是哲學問題。本書藉由十五個日常生活中的困惑，引發您對哲學探究的興趣，希望與您共度美好、恬靜的沉思時光。

◎ 哲學十大問題　鄔昆如／著

　　本書先談哲學究竟是什麼，繼則論及哲學之主體──人，哲學之方法──思想，哲學之對象──存在；然後依次談及真、善、美、聖的層次，及其對應學科之科學、倫理、藝術、宗教，最後談及社會。以此十大問題來指出哲學之功能，也指出人生在世如何安身立命，如何修己成人，如何「用物」、「愛人」、「敬天」；尤其指出人「為什麼」生存在世界上，「為什麼」要做好人，「為什麼」要學哲學等問題。

U0085476